アクティブラーニング
学校教育の理想と現実

小針 誠

講談社現代新書
2471

はじめに　アクティブラーニングをめぐる五つの幻想

いま、私たちの目の前では、小学校二年生の算数「直角」の授業がおこなわれていま
す。先生が直角について一通り説明した後、児童たちは三角定規を持ち歩いて、教室中の「直角」を探し歩いています。床と柱のあいだを指して「これは直角！」、ちょっと傾いた棚を見つけては「直角じゃない！」と元気な声が聞こえます。授業の最後に、教室以外のどこに直角があるのか、知っていることを友だちと話し合い、その内容を発表しました。

変わる授業の風景

この授業の風景を、みなさんはどのように「見学」したでしょうか。

感想や印象を訊くと、多くの人が「児童が楽しそうに学んでいる」「生き生きしている」または「面白そう」「わくわくした」授業だと答えてくれます。

どうしてそのように感じるのでしょうか。それは児童に、積極的に学ぼうとする意欲や

態度が感じられるからでしょう。「生き生きしている」ように映るのも、先生からの一方的な説明にとどまらず、子どもたち自身がクラスのなかの直角を探し当てたり、友だちと話し合って、自分の考えを積極的に発表しているからではないでしょうか。

　そうです、これがこれからの学びのスタイルや授業の視点とされる「アクティブ（・）ラーニング」です。国がカリキュラムの最低水準について定めた最新の学習指導要領においても「主体的・対話的で深い学び」という言葉に置き換えられて、アクティブラーニングが謳《うた》われているのです。

　アクティブの反対語はパッシブ（受動的・消極的）です。

　同じ内容でも、先生がただ一方的に説明する授業であれば、どのような印象をもつでしょうか。「退屈そう」「つまらない」「眠くなりそう」「すぐ忘れてしまって身につかないのではないか」などの答えが返ってきます。これまで日本の教育や授業はどちらかといえば、パッシブな学びだったという印象のほうが強いのではないでしょうか。

　学校での子どもたちの学びをパッシブからアクティブへ大胆に変える試みがこれから本格的に実施されようとしています。日常の授業や子どもの学びばかりではありません。大学入試の改革も進められています。なかでも注目を集めているのが大学入試センター試験に代わって、記述式の設問によって思考力や表現力を診る「大学入学共通テスト」などの実施です。

いまや、アクティブラーニングや主体的・対話的で深い学びという言葉を知らなければ、これからの学校教育のあり方は語れないと言わんばかりの状況になっています。

各種メディアでも、主体的・対話的で深い学びやアクティブラーニングの本格実施を伝える記事を見る機会が増えました。その理念は一見すると非常に魅力的ですし、記事の多くは学校教育や大学入試が大きく「変わる」ことへの期待と希望を論じています。アクティブラーニングの実施導入によって、これまでの学び方では通用しない、これからの社会を生き抜いていけないと述べるものもあるほどです。

五つの幻想を疑う

しかし、それはほんとうなのでしょうか。

本書では、アクティブラーニングまたは主体的・対話的で深い学びのあり方やそれを支える前提を幻想ではないかといったん疑い、立ち止まって考えてみることを目的にしています。なお、「幻想」というのは根拠のない空想や、現実にならないことを思い描くことをいいます。

その幻想や前提はおもに以下の五点です。

第一の「幻想」は、先行き不透明な未来社会を生きる子どもには、アクティブラーニングが必要で、これまでの教育では目標を達成できないだろうという前提です。

第二の「幻想」は、活動的な学び《アクティブラーニング》をおこなえば、子どもたちは主体的・能動的に学ぶ《アクティブラーニング》ことができるだろうという前提です。

第三の「幻想」は、学校でアクティブラーニングを経験すれば、知識や技能を活用できる新しい学力（思考力・判断力・表現力）、学ぶ意欲や「生きる力」が高まるだろうという前提です。

第四の「幻想」は、研修や指導を通じて教師自らが主体的に学ぶ機会を提供すれば、どの学校や学級でもアクティブラーニングが達成可能になるだろうという前提です。

第五の「幻想」は、以上の四点より、アクティブラーニングは好ましく、国の教育政策として導入されるべきだという前提です。

いずれの前提についても、ほんとうにそうなのか、疑って考えてみる必要があるのではないでしょうか。本書では、その前提を支える認識や文脈を読み解きつつ、可能なかぎり、根拠を提示しながら論じていきたいと思います。

明治以来の悲願

わたしの研究テーマは日本の教育の歴史です。日本の学校教育の歴史を見ていくと、「アクティブラーニング」という言葉が用いられることはなかったものの、学習者（児童・生徒）の主体性や能動性または経験や活動を重視し、知識・技能の獲得と資質・能力の向上をともにめざす学校教育や授業改革は今回の実施がはじめてというわけではなく、過去にもさまざまに試みられてきました。

アクティブラーニングまたは主体的・対話的で深い学びのような理念の実現は、明治時代に学校教育が誕生して以来の課題であり、悲願であったからでしょう。すべての子どもたちが進んで学習に取り組む様子を、私たちは理想的な学校教育や学びの姿とみなしてきました。ところが、現実の教育や子どもの様子はどうだろう、受験勉強で知識の詰め込みや暗記一辺倒に追われる生徒、それに対して学習意欲のない子どもたちを見るにつけ、日本の学校教育は理想からはほど遠く、未達成のままである、これを達成するにはどうしたらよいだろうか――それこそが文部（科学）省をはじめとする教育行政、学校現場、そして教育研究の長らくの課題でした。その解決策として、学習者の主体性を引き出し、体験や活動を組み込んだ学習や授業改善のあり方がたびたび提起、実践されてきたのです。

かつてと今日とでは時代背景も異なるため、過去の〈アクティブラーニング〉は今回の「アクティブラーニング」や「主体的・対話的で深い学び」と異なる要素を含んでおり、区別して考えるべきかもしれません。ただ、教師が知識を一方的に教える／教え込もうとする教育から、学習者の主体性を重視する立場、教師からの一方通行の一斉授業や知識の詰め込み教育を克服する点、さらには他者と協働しながら体験や経験を重視する方法論や構造は過去も現在もほぼ共通しています。

また、今回のアクティブラーニングや主体的・対話的で深い学びの実施にあたって、大正期の一部の学校で試みられてきた歴史上の理念や実践に起源を求め、理想化する言説や立場も見られます。

しかし、その理想化された過去の実践のなかには、成果を収めた反面、当初の理念や意図と大きくかけ離れ、中断も含めて、さまざまな紆余曲折や試行錯誤があったことを忘れてはなりません。その原因には政策の問題、教師の力量、学校自体の問題、児童・生徒の能力や意欲の問題もあったかもしれません。あるいは、〈アクティブラーニング〉に対する誤解や偏見が一人歩きしていった側面も見逃すことはできません。

本書は、現代日本の学校教育で、なぜアクティブラーニングまたは主体的・対話的で深い学びが提起、導入されようとしているのかを歴史的に解き明かし、批判的に考えてみたいと思います。歴史的な解明にこそ、これからアクティブラーニングを実施、実践するうえでの重要な課題や問題提起があると考えられるからです。そして、それこそが「歴史から学ぶこと」にほかなりません。

本書の構成

本書の構成は以下の通りです。

第一章では、今回のアクティブラーニングや「主体的・対話的で深い学び」なるものが教育政策として提起、導入されるようになった経緯について説明します。

つづいて、第二章から第四章では、これまでの日本の学校教育史上の〈アクティブラーニング〉導入の歴史を、近代教育史、戦後教育史、平成教育史という三つの教育史のなかで見ていきます。第二章の近代教育史では大正新教育や戦時下新教育、第三章は、戦後新教育の問題解決学習、生活単元学習、コア・カリキュラムなどの実践や民間教育研究運動より興った「学級集団づくり」、第四章では平成教育史のなかの「新しい学力観」や総合的な学習の時間に注目していきます。

最後の第五章は、〈アクティブラーニング〉に関わる歴史をふりかえりながら、これからのアクティブラーニングの実践上、運用上、倫理上の課題について考えます。

教育改革の実施にあたっては、いまいちど、その足場や前提となる考え方を問い直し、可能なかぎり不安や問題点を見出し、解消または改善しながら、あるべき教育に向けて、大胆かつ精緻なグランドデザインが求められています。そのうえで、問題点の解決や改善が難しいようであれば、新たな方向への転換が早急に求められるでしょう。

なお、本書では、アクティブ(・)ラーニングの表記にあたって、中黒を挿入している場合とそうではない場合があります。これは参照した資料の記述に従っています。また、歴史上のアクティブ(・)ラーニングの系譜にある学びについては、山形括弧を付して〈アクティブ(・)ラーニング〉とし、二〇〇八年以降提案された今回のアクティブ(・)ラーニングについては括弧なし、強調の必要があるときなどは「アクティブ(・)ラーニング」とかぎ括弧つきで記述しています。

本書は二〇一八(平成三〇)年一月までの内容を取り上げています。本書の刊行後に、大小さまざまな変更が生じることもじゅうぶんにありうることをあらかじめご了解ください。

目次

はじめに　アクティブラーニングをめぐる五つの幻想　3

第一章　アクティブラーニング／主体的・対話的で深い学びとは何か――15

1　授業が変わる　学びが変わる　16
2　大学の授業改革――第一期　23
3　小・中・高校の教育方法――第二期　32
4　授業改善の「視点」――第三期　48
5　「ゆとり」から「ふとり」へ？　57

第二章　近代教育史の〈アクティブラーニング〉
――大正新教育・戦時下新教育――65

1　近代学校の矛盾と「教育改造」　66
2　成城小学校の自学自習――ドルトン・プラン　74
3　奈良女子高等師範学校附属小学校の学習法　93

4　戦時教育体制への継承と挫折　105

第三章　戦後教育史の〈アクティブラーニング〉──戦後新教育・民間教育研究運動──　123

1　戦後教育改革　124
2　戦後新教育の展開──カリキュラムの自主編成　127
3　「はいまわる経験主義」と学力低下論　143
4　教育の現代化と民間教育研究運動の試み　153
5　左派教育運動の逆説　159

第四章　平成教育史の〈アクティブラーニング〉──新しい学力観・総合的な学習の時間──　167

1　平成教育史を描く　168
2　「ゆとり」の登場　174
3　「新しい学力観」　181
4　「生きる力」と総合的な学習の時間　186

5　「確かな学力」、そしてアクティブラーニングへ　198

第五章　未来のアクティブラーニングに向けて――205

1　歴史から何を学ぶか　206
2　実践上の課題――教室で実践できるのか　208
3　運用上の課題――適切に運用できるのか　218
4　倫理上の課題――「よいこと」なのか　225
5　アクティブラーニングのゆくえ　242

主要参考文献・資料一覧　261
巻末資料　学習指導要領の主な変遷と内容　264
あとがき　265

第一章　アクティブラーニング／主体的・対話的で深い学びとは何か

ある公立中学校の社会科の地理の授業見学に来ています。授業のテーマは「気候に応じた人びとの暮らし」です。それぞれ「熱帯」「温暖」「寒冷」などのグループにわかれて、タブレット型コンピュータを使って、食べ物、着る物、住居などを調べています。それぞれのグループでは、各地域の暮らしの特徴について話し合い、調べたことや考えたことを発表しました。

1　授業が変わる　学びが変わる

パッシブからアクティブへ

日本の学校教育は授業のあり方を中心に大きく変わろうとしています。「はじめに」や本章の冒頭に挙げた授業の様子から、その特徴を考えてみましょう。授業中に児童・生徒が情報通信機器などを使って調べる、主体的に考える、グループで話し合って意見を交換する、先生やクラスの仲間に意見を発表する、各自が学びを深めていく……、いずれも「アクティブ（・）ラーニング」や「主体的・対話的で深い学び」と言われる教育活動の特徴です。

これまでの日本の授業風景といえば、先生が板書をしながら、ほとんど一方的に説明し、児童や生徒は黙々とノートをとり、教科書やノートの内容を覚える方式――パッシブ（受動的・消極的）な学びだと考えられてきました。

アクティブラーニングとは、従来の日本の学びスタイルの中心であったパッシブラーニングを「変える」試みとして、それをアクティブにすること、つまりアクティベート（活性化）が提案されているのです。

そのアクティブ（active）には「能動的・主体的」と「活動的」という両方の意味があります。

「能動的・主体的《アクティブ》な学習」とは、意欲的に学んだり、積極的に他者や対象に働きかけながら進める学びを指します。「活動的《アクティブ》な学習」という意味のほうに注目するならば、教室の内外でおこなわれる体験的な学びや意見の発表など活動をともなう学びを指します。

しかし、アクティブを「能動的・主体的」とみるにせよ、「活動的」とみるにせよ、両者は当然のように結びつけられてきました。つまり、活動的な学び《アクティブラーニング》をおこなえば、子どもたちは能動的・主体的《アクティブラーニング》に学習に取り組むことができる、というものです。

裏返して言えば、学び手である子どもの活動をともなわない学びでは、主体的または能動的な学びは期待できないということになります。これは、日本にかぎらず、長らく教育界の常識とされてきた考え方のように思われます。

　本書では、アクティブラーニングを、さまざまな活動や体験を採り入れることも含めて、アクティブな視点で学習者の主体的で能動的な学びを促進し、深めていくこと――このように定義し、論じていきたいと思います。

アクティブラーニング世代の本音？

　二〇一七年三月に文部科学大臣より告示された最新の学習指導要領（小・中学校）では、「アクティブ（・）ラーニング」という用語から「主体的・対話的で深い学び」に代わっています（学習指導要領の変遷と内容については巻末資料を参照）。学習指導要領は二〇二〇年度より小学校、二一年度より中学校で全面実施され、高校は一七年度中に改訂・告示され、二二年度から学年の進行にあわせて順次実施されることになっています（幼稚園については、その教育要領が二〇一八年四月より全面実施されます）。

　この学習指導要領の告示前にもかかわらず、その数年前から多くの学校や大学で、その方法や視点を活かして、アクティブラーニングによる授業実践や授業改善がおこなわれてきました。

　文部科学省「平成二七年度公立小・中学校における教育課程の編成・実施状況調査の結

果について」ならびに「平成二七年度公立高等学校における教育課程の編成・実施状況調査の結果について」によると、二〇一五年当時、すでに全国の公立小学校の四八・九パーセント、公立中学校の四五・七パーセント、全日制の公立高校では普通科四三・九パーセント、専門学科三一・五パーセント、総合学科四〇・二パーセントがアクティブラーニングの視点による授業改善に向けた授業研究や校内研修などに取り組んでいました。二〇一五年当時、本格実施の五年前にもかかわらず、準備段階や検討段階を加えると、すでに相当数の学校がアクティブラーニングによる授業をおこなっていたのです。

ベネッセ教育総合研究所が同じ二〇一五年の六〜七月におこなった調査結果でも、アクティブラーニングの実施率は高い傾向にありました。「テーマについてグループで話し合う」授業の実施率は小学五年生八〇・五パーセント、中学二年生七五・六パーセント、高校二年生六一・五パーセント、「グループで話し合った内容をまとめる」は小学五年生七八・一パーセント、中学二年生七三・〇パーセント、高校二年生五六・七パーセントでした。

また、「授業で好きな学習方法」は「自分たちでテーマや調べ方を決めてする授業」を「好き」だと回答する小学五年生の児童は七六・四パーセント、中学二年生五七・七パーセント、高校二年生で三六・九パーセントと学校段階が上がるごとに低下傾向にはあるものの、二〇〇一年や二〇〇六年と比較すると、いずれも「好き」の割合が上昇しています（ベネッセ教育総合研究所『第五回学習基本調査データブック』）。

「好き」の割合が高ければ、それだけ児童や生徒がアクティブラーニングに対して高い意欲があることを示しているといえます。

ところが、学校段階が上がるにつれて、「好き」の割合が低下する傾向が見られ、大学生では特に顕著になっています。二〇一六年の調査によると、大学生の学習姿勢はややパッシブのようです。アクティブラーニングともいうべき「自分で調べて発表する演習形式の授業」（二二・三パーセント）よりも「教員が知識・技術を教える講義形式の授業」（七八・七パーセント）を、学びの方法についても「学生が自分で工夫する方法」（四九・三パーセント）よりもほんのわずかに多く「授業で指導を受ける方法」（五〇・七パーセント）を志向するなど、大学生の学び方は大学や教員に依存する傾向が高いようです（ベネッセ教育総合研究所『第三回大学生の学習・生活実態調査報告書』）。

調査対象の大学生は、小学校入学段階から自ら学び考える「生きる力」の獲得をめざす学校教育を、中学生から高校生のときにはアクティブラーニング型の授業を試行的に受けはじめた世代です。ところが、大学はこれまでの学校教育経験を発揮するアクティブラーニングの場にはなっていないようです。

政策課題へ

アクティブラーニングは、一部の教育現場や教員が自主的に取り組んでいた試みだったものが、ある時期から国の教育政策として検討される、きわめて重要な政治課題になりました。

文部科学省関連の委員会や公開文書のなかに、はじめて「アクティブラーニング」という言葉が現れたのは二〇〇八年のことでした。それ以来約一〇年のあいだに、言葉の変更などはありましたが、学習指導要領に盛り込まれるまでになりました〔図表1‐1〕。

当初とくらべると、アクティブラーニングの定義や内容も大きく変わりました。その変化を大きく三つの時期に区分してとらえてみたいと思います。

第一期はアクティブラーニングが大学の授業改革の目玉として提案された時期です。第二期は二〇一四年の文部科学大臣の諮問《しもん》以降、小学校から大学にいたるアクティブラーニングを含めた教育方法の改善とともに、学習指導要領の改訂にまで踏み込んだ提言がなされた時期を指します。なお、諮問とは大臣が審議会に意見を求めることであるのに対し、答申《とうしん》とは諮問を受けて審議会で議論し、意見をまとめて大臣に申し伝えることを言います。第三期は二〇一五年八月以降、今日までの時期です。この時期でもっとも大きいのは、

日付	報告・諮問・答申などの名称	アクティブ・ラーニングの説明	改革・提言の方針
平成20（2008）年3月25日	中央教育審議会大学分科会「学士課程教育の構築に向けて」（審議のまとめ）	学生の主体的・能動的な学びを引き出す教授法	大学の教育方法（授業のあり方）の改革
平成24（2012）年8月28日	中央教育審議会「新たな未来を築くための大学教育の質的転換に向けて～生涯学び続け、主体的に考える力を育成する大学へ～」（答申）いわゆる「質的転換答申」	学生が主体的に問題を発見し解を見いだしていく能動的学修	
平成26（2014）年11月20日	文部科学大臣「初等中等教育における教育課程の基準等の在り方について」（諮問）	主体的・協働的に学ぶ学習	初等・中等・高等教育改革としての教育方法の改革、高大接続改革（大学入試改革）
平成26（2014）年12月22日	中央教育審議会「新しい時代にふさわしい高大接続の実現に向けた高等学校教育、大学教育、大学入学者選抜の一体的改革について」（答申）いわゆる「高大接続改革答申」	能動的学修、主体的・協働的な学習・指導方法	
平成27（2015）年5月14日	教育再生実行会議「これからの時代に求められる資質・能力と、それを培う教育、教師の在り方について」（第七次提言）	課題解決に向けた主体的・協働的で、能動的な学び	
平成27（2015）年8月26日	中央教育審議会教育課程企画特別部会「教育課程企画特別部会論点整理」（報告）	課題の発見・解決に向けた主体的・協働的な学び（いわゆる「アクティブ・ラーニング」）	「方法」から「視点」への転換
平成28（2016）年8月26日	中央教育審議会教育課程部会「次期学習指導要領等に向けたこれまでの審議のまとめ」（報告）	主体的・対話的で深い学び（「アクティブ・ラーニング」の視点）	
平成28（2016）年12月21日	中央教育審議会「幼稚園、小学校、中学校、高等学校及び特別支援学校の学習指導要領等の改善及び必要な方策等について」（答申）	主体的・対話的で深い学び（「アクティブ・ラーニング」の視点）	
平成29（2017）年2月14日	「学習指導要領」（小学校・中学校改訂案）公表	皆無（ただし「主体的・対話的で深い学び」は複数回出現）	「アクティブ・ラーニング」の消滅
平成29（2017）年3月31日	「学習指導要領」改訂・告示 小学校2020年度、中学校21年度より全面実施	皆無（ただし「主体的・対話的で深い学び」は複数回出現）	
平成29（2017）年6月21日	「学習指導要領解説」（小学校・中学校）公開	「主体的・対話的で深い学び」の実現に向けた授業改善（アクティブ・ラーニングの視点に立った授業改善）	

筆者作成

〔図表1－1〕アクティブ・ラーニング関連の主な報告・諮問・答申など（2018年1月現在）

二〇一七年三月に改訂・告示された学習指導要領です。アクティブラーニングが教育や学びの「方法」から授業改善の「視点」になりました。学習指導要領においても、アクティブラーニングは「主体的・対話的で深い学び」に置き換えられ、教育の「方法」のみならず、目標、内容、評価についての総合的な授業改善の「視点」として再定義されました。

その変更の経緯とともに、問題点や課題についても確認しておきましょう。

2 大学の授業改革——第一期

「魅力ある授業」にするために

一時は見ない、聞かない日はなかったほどにブームになったアクティブラーニングですが、国の教育施策のレベルで見ると、当初はほとんど注目されていませんでした。

「アクティブ・ラーニング」という言葉が審議会の議論のなかではじめて現れたのは二〇〇八（平成二〇）年三月の中央教育審議会大学分科会制度・教育部会の「学士課程教育の構築に向けて（審議のまとめ）」でした。それは大学の授業改革に向けたものであり、初等中等教育（小・中・高校教育）よりも先行して提案されたのです。

その「審議のまとめ」のなかで、「アクティブ・ラーニング」という言葉はただの一度しか確認できません。そこでは、アクティブ・ラーニングを通じて、学生の動機づけを図り、双方向型の学習を展開しようとする目的が明確にされています。

しかし、従来の講義形式の授業が否定されていたわけではありません。むしろ、講義型の授業を魅力あるものにするために、体験活動を含めた多様な教育方法を採り入れていくことが提言されていたのです。たとえば、大学の実情に応じ、社会奉仕活動《ボランティア》、サービス・ラーニング（地域などと協同でおこなう社会貢献学習）、実地見学や調査観察《フィールドワーク》、インターンシップ（企業・団体等での就労体験など）、海外体験学習や短期留学などの学生参加型の授業が紹介されています。

ところが、この「審議のまとめ」の後の同年一二月の本答申では、アクティブ・ラーニングの語は削除されてしまいました。それだけ当初のアクティブ・ラーニングはきわめて限定的で、取るに足らないくらいの小さな扱いでしかなかったのです。

質的転換答申のインパクト

二〇〇八年の本答申で消えた「アクティブ・ラーニング」が再度現れるのは四年後の二〇一二（平成二四）年八月の中央教育審議会の答申「新たな未来を築くための大学教育の

質的転換に向けて〜生涯学び続け、主体的に考える力を育成する大学へ〜」でした。「質的転換答申」ともいわれます。

この答申は、教育方法を中心とした大学の授業のあり方そのものを根本的に見直すきっかけになりました。中央教育審議会の本答申に書かれたこともあって、アクティブ・ラーニングがはじめて文部科学省（国）からのお墨つきを得たことになります。そのため大学教育界には大きなインパクトがありました。

この答申のなかで「アクティブ・ラーニング」という用語が最初に出てくるのは以下の一節です。とても重要な内容なので、そのまま引用しましょう。

生涯にわたって学び続ける力、主体的に考える力を持った人材は、学生からみて①受動的な教育の場では育成することができない。②従来のような知識の伝達・注入を中心とした授業から、教員と学生が意思疎通を図りつつ、一緒になって切磋琢磨し、相互に刺激を与えながら知的に成長する場を創り、学生が主体的に問題を発見し解を見いだしていく③能動的学修（アクティブ・ラーニング）への転換が必要である。すなわち個々の学生の認知的、倫理的、社会的能力を引き出し、それを鍛える④ディスカッションやディベートといった双方向の講義、演習、実験、実習や実技等を中心とした授業への転換によって、学生の主体的な学修を促す質の高い学士課程教育を進めることが求められる。学生は主体的な学修の体験を重ねてこそ、生涯学び続ける力を修得できるのである（丸数字と傍線は引用者による）。

この答申の背景には、現代社会の枠組みが大きく変化しているという認識がありま す。特に、国際化（グローバル化）とＩＣＴ化（情報通信機器の導入や普及）という新しい社会の変化が前提にあります。そのなかで、生涯にわたって学び続ける力、主体的に考える力をもった人材が求められているというのです。

このような人材を育てるには、①「受動的な教育の場」や②「従来のような知識の伝達・注入を中心とした授業」では不可能であると断定しています。つまり、従来の大学の学修においては、学生は教員から一方的に知識を伝えられる講義を受動的に聴くことが中心で、これから求められる主体的に考える力をもった人材は育てられないということになります。それはまた、アクティブ・ラーニングを導入すれば、主体的に考えられる人間を育てられるとの解釈も可能です。

また、四年前の「学士課程教育の構築に向けて（審議のまとめ）」とはちがって、講義形式の授業は否定され、アクティブ・ラーニングによる授業方法の導入とその学修に向けた踏み込んだ内容になりました。

「学修」とはあまり聞き慣れない言葉でしょう。大学では講義、演習、実験、実習、実技などの授業時間と、予習や復習など授業外（課外）学習の時間数からなる学びによって知識や技能を高めるなど一定の成果を上げたうえで、単位を取得していく単位制を採用していることから、「学修」と呼ばれます。

以前から、大学の学修には、理系を中心とする実験、栄養学の調理実習、学校や病院などの現場での実習、体育や音楽をはじめとした技能の実技など、学生が現場で実体験を通じて学ぶ授業もありました。外国語の授業で採り入れられているコミュニケーションもアクティブラーニングのひとつであるといえるでしょう。

質的転換答申におけるアクティブ・ラーニングの提言には、従来の一方通行型の講義のあり方に対する否定的な評価が背後にあります。教員から学生に対する一方通行の講義に代わって、④「ディスカッションやディベート」といった方法を採り入れることで、教員と学生とのあいだで双方向型の講義が求められています。たとえば、教員が講義を通じて説明しつつ、学生に質問を投げかけてみたり、意見を求めたり、あるいは学生相互に話し合いや発表をさせながら、授業を進めることが具体例として挙げられています。

この答申においては、情報化やグローバル化など社会の構造転換が進むなかで、「社会に貢献していくには、想定外の事態に遭遇したときに、そこに存在する問題を発見し、それを解決するための道筋を見定める能力が求められます。そこで、生涯にわたって学び続ける力、主体的に考える力を持った人材」を育てていくために、学生が主体的に問題を発見し、解を見出していく③「能動的学修《アクティブ・ラーニング》」が提案されたのです。

活動への関与と認知プロセスの外化

それと同時期の二〇一二年あたりから、大学を中心とする高等教育の研究者たちがアクティブラーニング導入の動きを評価することで、さらに関心が高まります。そのひとりである溝上慎一さんはアクティブラーニングについて以下のように定義をしています。

一方向的な知識伝達型講義を聴くという（受動的）学習を乗り越える意味での、あらゆる能動的な学習のこと。能動的な学習には、書く・話す・発表するなどの活動への関与と、そこで生じる認知プロセスの外化を伴う（溝上慎一『アクティブラーニングと教授学習パラダイムの転換』東信堂）。

このなかでも、一方向的な知識伝達型の講義では、学生はただ聴いているだけの受動的学習であり、それを乗り越える方法として、アクティブラーニングが定義されています。「教える」ことから「学ぶ」ことを重視し、学習者は教授される知識を一方的に受け身で聴く（内化）だけではなく、問題解決のために知識を使ったり、他者と議論し、他者に向けて表現・発表するなど、発信型（外化）の学習方法を指しています。

中央教育審議会の質的転換答申にしろ、研究者の定義にしろ、大学教育が大きく転換する時期にあって、学生の「受動的な受講」から「能動的な学修」への転換が提案されています。従来の学生の受動的な受講態度の根源には、一方通行の講義のあり方に問題があり、それに代わって、教員と学生または学生相互の双方向のやりとりを通じて、主体的な学修（アクティブラーニング）が求められています。アクティブラーニングを採用することで、学生が主体的または積極的に講義や演習に取り組めるようにすべきだという論理です。

経済界からの要請

アクティブラーニング提案の背景には、一九九〇年代以降の日本社会の大きな変化がありました。

一九九〇年代初頭にバブル経済が崩壊してから、長期にわたって景気は停滞し、日本は「失われた一〇年／二〇年」に突入することになります。不景気にくわえ、グローバル化という二つの大波に襲われた日本経済は変化を余儀なくされました。

直撃を受けたのは若者（新卒者）の雇用です。

新卒者は希望しても正規雇用職（正社員）としては採用されずに、フリーターをはじめ非正規雇用職に就かざるをえない者が増えました。かつての企業や団体は新卒者を正社員として採用し、「社会人」として一から職業訓練をおこなうゆとりがありました。ところが、バブル経済崩壊以降、企業はその訓練費用も時間もじゅうぶんに確保できなくなってきました。さらに、就職しても数年で離職してしまう若者も少なくなく、その対策としてキャリア教育の充実や、即戦力に近い雇用可能性（employability）の高い人材養成を大学に期待する声がにわかに高まりました。

そこで、大学の教育力を高めよう、学生は主体的に学修に励むべきだ、そのためには従来の知の受容にとどまる一方通行型の講義形式に終始する授業だけでは不十分だとして提案されたのが、主体的に自ら考え、判断できる学生を育てる教育でした（金子元久『大学の教育力』ちくま新書）。

言うまでもなく、これらは社会、とりわけ経済界より要請された内容でした。経済産業省は二〇〇六年より「社会人基礎力」なるものを提唱し、「前に踏み出す力」（主体性、働きかけ力、実行力）、「考え抜く力」（課題発見力、計画力、創造力）、「チームで働く力」（発信力、傾聴力、柔軟性、状況把握力など）の三点を挙げています。そして、基礎学力や専門知識を活用できる「人材」の育成方法として、学外のインターンシップ（企業などでの実地研修）や学内のアクティブラーニングが提案され、注目を集めました。

一方通行型の講義をつづける大学教育の存在意義が問い直されるなかで、教員と学生相互が直接関わる場として、それを活かす教育や学習のあり方が求められるようになりました。インターネット上の動画を通じて講義内容を視聴し、予習をおこなったうえで、授業中には教員と学生または学生相互が意見を交換しあう反転授業、学生が協同して問題解決に当たるプロジェクト科目、参加者が主体的に参加し、相互に話し合いや体験学習を通じて学び合うワークショップなどが提案されています。

大学におけるアクティブラーニングは、教育界の論理やその要請というよりも、経済界からの強い要請をうけて、即戦力に近い「人材」養成の観点から、主張、導入されるようになったのです。

3　小・中・高校の教育方法——第二期

小学校から高校までの教育方法の転換

前節で述べたように、アクティブラーニングは当初は大学教育を対象とした内容でした。大学段階で注目を集めるようになったアクティブラーニングが今度は小・中・高校教育（初等・中等教育段階）でも提言されます。それが第二期です。初等・中等・高等教育、すなわち小学校から大学までの教育の方法を、一貫してアクティブラーニングへ転換するように奨励していることを意味しています。

この転換は「何を教わり、学んだのか」（知識・技能）のみならず、「何ができるようになったのか」（資質・能力）を基準としたものでした。つまり、「資質・能力」とは、①学校で学んだ内容を、単に知識として頭のなかにとどめておく（知識・技能）だけではなく、②知っていることを実際の生活などで「使える」ようになるための思考力・判断力・表現力、そして③さらに学んでみたいと思ったり、問題の解決をめざそうとする意欲や態度という「三つの柱」すべてを指します。これまで日本の学校の授業や学びは①の「覚える」水準にとどまることが多かったけれども、それを「生きた知識」にするために、②実生活で適切に活用や表現をしたり、③教科や関連する内容について興味や関心を持って深めたり、自分の学びをふりかえったり、さらにはよりよい社会の形成に向けて一人ひとりが人間性を高める意欲や態度までを含む広範な内容が提案されており、これを学校教育を通じて達成しようというのです。

そして学校の教育課程や授業のあり方のみならず、大学入試改革が本格的に提案されるようになったのも第二期のことです。

その大きなきっかけになったのが二〇一四年一一月、下村博文《しもむらはくぶん》・文部科学大臣（当時）より中央教育審議会に対して「初等中等教育における教育課程の基準等の在り方について」が諮問されたときです。そのなかで「課題の発見と解決に向けて主体的・協働的に学ぶ学習（いわゆる「アクティブ・ラーニング」）や、そのための指導の方法等を充実させていく必要」があることが言及され、小・中・高校における次期学習指導要領でアクティブ・ラーニングの導入が提言されています。

諮問の翌月の中央教育審議会の答申「新しい時代にふさわしい高大接続の実現に向けた高等学校教育、大学教育、大学入学者選抜の一体的改革について」（いわゆる「高大接続改革答申」）では、個別の知識・技能を問うてきた従来の大学入試制度のあり方が見直されることなりました。これまでの大学入試センター試験に代わって、思考力・判断力・表現力を評価する新共通テストの導入が提案されました。

諮問のなかで、課題の発見と解決に向けて、主体的または協働的に学ぶ学習が「いわゆる『アクティブ・ラーニング』」として説明されています。関連して、「何事にも主体的に取り組もうとする意欲や多様性を尊重する態度、他者と協働するためのリーダーシップやチームワーク、コミュニケーションの能力、さらには、豊かな感性や優しさ、思いやりなどの豊かな人間性の育成」という内容も確認できます。

ここで言われているアクティブ・ラーニングには、教育方法や学習方法にとどまらず、「豊かな人間性」といった広く道徳的な内容も含まれています。また「他者との協働」という言葉も確認できます。他者や集団の活動による主体的・協働的な学びを通じて、個別的な学びから社会的な学びへと変えていこうというのです。

大学のアクティブラーニングについては、教師からの一方的な講義形式からの脱却をめざす教育方法の転換でした。それに対して、初等・中等教育段階では、各教科における基礎的・基本的な知識や技能の習得をもとにして、特に言語活動を活動の中核に位置づけて、思考力、判断力、表現力の育成をめざすことになりました。とくに言語活動には、他者とのコミュニケーションが想定されており、そこでは聴く、話す、読む、書くなどの諸要素が重視されているのです。

そのエッセンスが以下の「学力の三要素」です。

学力の三要素

学力の三要素とは①個別の知識・技能、②思考力・判断力・表現力、③主体的な学習意欲・関心・態度の三要素を指します。これはアクティブラーニングが提案される以前の二〇〇七年六月に学校教育法が改正されたときに、同法第三〇条で新しく設けられた条項です。「学力の三要素」のうち、第一の要素である個別の知識・技能は「何を教わったのか、学んだのか」を意味します。習得（修得）と定着の度合いをはかることになります。第二の要素は思考力・判断力・表現力です。「知ったこと、できることをどう使うか」という活用のレベルにあたります。問題発見、解決に向けて分析、思考、判断、表現できる「資質・能力」を意味します。第三の要素である主体的な学習意欲・関心・態度とは、学びに向かう態度や意欲、人格の完成や生きる力を身につけることをめざして、主体的に対象、社会や世界と関わる情意や態度の重要性をそれぞれ指しています。

「学力の三要素」は、ゆとり教育や学力論争の最中の二〇〇二年に遠山敦子《とおやまあつこ》・文部科学大臣（当時）より提起された「学びのすすめ」の内容に連続しています。一九九八年に改訂・告示（小・中学校）、二〇〇二年より全面実施された学習指導要領（いわゆる「ゆとり教育」）では、授業時間数や学習内容の大幅削減により、学力低下に対する懸念が論争の対象になりました。未だ私たちの記憶に新しいところです。

また、国際学習到達度調査（ＰＩＳＡ）において、日本の子どもたちの学力や学習意欲の低下傾向が明らかになると、遠山大臣はゆとり教育の理念である自ら主体的に調べ考える力を否定するわけではなく、知識や技能といった基礎学力の定着との両立を提言しました。その両者はしばしば「車の両輪」にたとえられました。その「確かな学力」はポストゆとり教育として二〇〇八年に改訂・告示された学習指導要領に引き継がれました。

個別の知識・技能を「習得」、思考力・判断力・表現力を「活用」、対話的・主体的な深い学びを「探究」ととらえるならば、この時点のアクティブラーニングは習得をもとに、活用と探究を志向する教育方法だったといえましょう。つまり「確かな学力」のうち、活用や意欲を育む方法として、アクティブラーニングが高い関心を集めたのです。

ＰＩＳＡショックとコンピテンシー・モデル

当初は大学教育からはじまった日本のアクティブラーニング。初等・中等教育段階でも、その導入や実施が検討・提案されるようになった経緯について確認しておきましょう。以下はアクティブラーニング実施の背景に対する認識です。

第一に、劇的な社会の変化に対する危機感です。グローバル化や情報化の進展などにともなって、社会全体の先行きが見えないどころか、今日でさえ環境問題や食糧問題、エネルギー問題、格差・貧困問題などの社会の矛盾や課題が未解決のまま山積しています。これまでに前例のない難題の解決に向けて、自力で、または他者と協働しながら、最適解を考え求めていかなければならない知識基盤社会が到来していると言われています。ただし、その知識基盤社会では、経済的に利益を生み出す価値のある知識やそれを生み出す人材に対して高い価値が置かれるようになります。

第二に、社会の大きな変化や知識基盤社会の到来を踏まえ、学校教育でもコンピテンシー・モデルへの転換が図られました。これまで日本の学校教育は学習指導要領を含めて「何を知っているのか」という個別の知識・技能の内容重視（コンテンツ・ベースト）の教育だと考えられてきました。これに対して、コンピテンシー（competency）とは、習得した個別の知識や技能を活用して、実生活の諸場面で直面するさまざまな問題解決に向けて「何ができるのか」という「資質・能力」を主に指します。思考力・判断力・表現力、対人能力、自己調整能力などの「学びに向かう力・人間力」を育むことが学校教育を通じて期待されるようになりました（奈須正裕・江間史明編著『教科の本質から迫る――コンピテンシー・ベイスの授業づくり』図書文化社)。

第三に、国際的な水準で見た日本の子どもたちの学力や学習意欲に対する危機感です。そのひとつが「PISAショック」でした。PISAとはProgramme for International Student Assessmentの頭文字をとった略称で、OECD(経済協力開発機構)に加入している国や地域を中心に、一五歳の生徒の読解力、数学的リテラシー、科学的リテラシーを測定する国際学習到達度調査のことをいいます。日本の場合は高校一年生が受験していま す。PISAは二〇〇〇年以降、三年に一度実施され、世界各国の得点と国際順位が発表され、マスコミでも大きく報道されています。

特に大きな衝撃をもって報道されたのが、二〇〇二年に学習指導要領が全面実施され、「ゆとり教育」が本格的に導入された直後の二〇〇三年度とそのつぎの二〇〇六年度に得点と国際順位が大きく低下したときでした〔図表1-2〕。

低調の原因を、授業時間や学習内容を大幅に減らした「ゆとり教育」に求める見方が大勢を占めました。また、日本の子どもたちはこれまで学校の授業やテストを通じて、唯一絶対の「正解」を求められてきたこともあって、個別の知識や技能を問う出題には対応できても、ひとつの課題に対して、独創的・探索的・複合的な思考力や情報処理を踏まえて、それを適切に表現する活用型の出題に対しては苦戦した、という指摘もありました

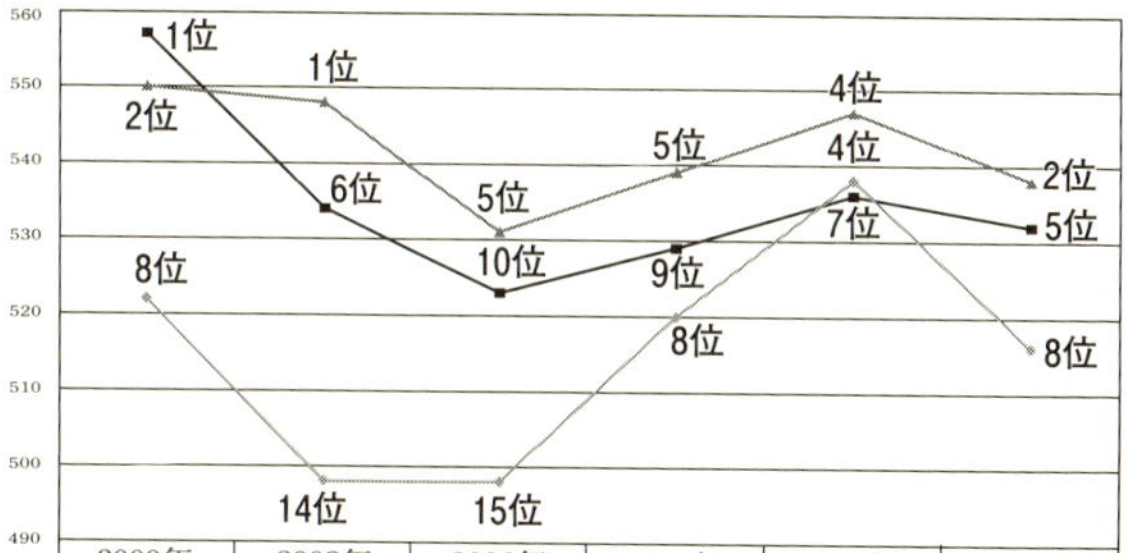

	2000年	2003年	2006年	2009年	2012年	2015年
読解力	522	498	498	520	538	516
数学	557	534	523	529	536	532
科学	550	548	531	539	547	538

〔図表1－2〕PISAの得点と国際順位　2000年～2015年

（福田誠治『全国学力テストとPISA』アドバンテージサーバー）。

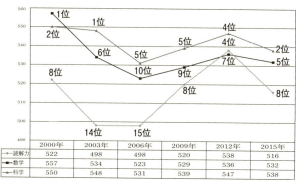

PISAがそうであるように、思考力・判断力・表現力といったコンピテンシーや活用型学力重視の教育政策はいまや国際基準「グローバル・スタンダード」になっているとも言われます。OECD加盟国はじめ先進国では共通して、コンピテンシー重視の学力モデルへ転換を進めており、そのためにアクティブラーニングが導入されているという認識です。

日本では、文部科学省が二〇〇五年一二月に「読解力向上プログラム」を策定しました。これは二〇〇三年のPISAでとりわけ低調だった読解力の向上を図ろうとするもので、コンピテンシーの育成と向上を謳う、学力のグローバル・スタンダードに乗り遅れまいとする焦りが感じられます。同プログラムには、実生活でのさまざまな場面で活用できる思考力・判断力・表現力を育む授業に向けて改善を図り、学習指導要領の見直しに向けた提案とともに、のちのアクティブラーニングの視点の導入につながる内容も含まれています。

「グローバル化に乗り遅れるな」

アクティブラーニングを導入すれば、活用型学力やコンピテンシーを高められるのでしょうか。このことを検証するために、二〇一二年に実施されたPISAの結果に注目してみましょう。この年のPISAでは、世界各国・諸地域の数学的リテラシーの平均点に加えて、授業の方法についても「数学の授業で、問題解決のためのグループワークをどれほどおこなっていますか」を生徒に尋ねています。二〇一二年というと日本でアクティブラーニング・ブームが起きる以前のことです。

グループワークの実施に関する先の質問に対して「まったく／めったにない」(Never or Hardly Ever) 割合は日本が七一・七パーセントと、六五の国や地域のなかでもっとも高く、当時の日本は誰が見てもアクティブラーニング最後進国でした。その他の代表的な国の割合を見ると、フランス五七・九パーセント、イギリス四四・一パーセント、ドイツ三一・四パーセント、アメリカ一七・七パーセントでした（OECDホームページ PISA2012 デー

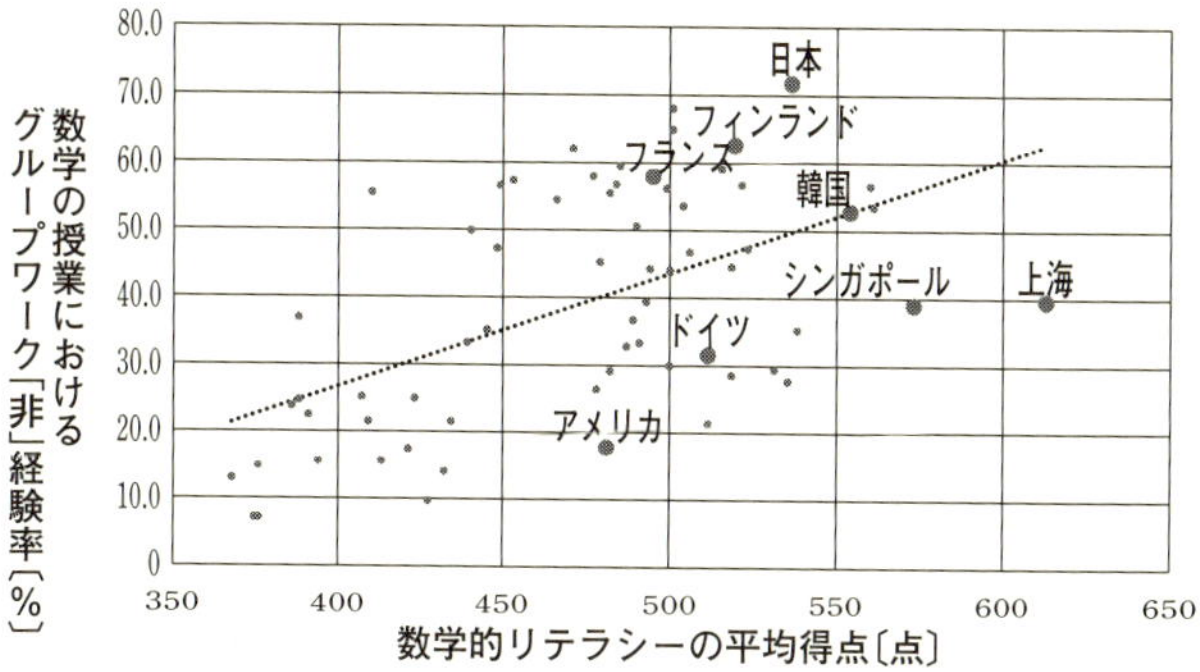

〔図表1－3〕PISA2012の数学的リテラシーとグループワーク「非」経験率との関係　n=65

タベースより）。各国の数字だけを見ると、揃ってアクティブラーニングを導入していたわけではなく、当時でさえ相当なバラツキがありました。

各国のアクティブラーニング（グループワーク）の実施率と数学的リテラシーの平均得点との関連を見ると、「まったく／めったにない」生徒の割合が高い国や地域ほど、数学的リテラシーの平均得点は高まる傾向（相関係数＋0.549）にありました（図表1－3）。逆にアクティブラーニング（グループワーク）を毎回の授業（Every Lesson）で経験してきた生徒の割合が高い国や地域ほど、その平均得点はむしろ低下する傾向が見られました（相関係数－0.722）。

おもな国や地域の国際順位（括弧内は得点）を見ると、最後進国ニッポンが上位の七位（五三六点）、ドイツ一六位（五一四点）、イギリス二六位（四九四点）、そして「アクティブラーニング」発祥の最先進国とされるアメリカは三六位（四八一点）でした。ＰＩＳＡの得点が高いことで注目されたフィンランドなども、数学の授業のグループワークには、どちらかというと、消極的でした。

もちろん、国や地域の学力を構成する要因はさまざまにあり、グループワーク導入の有無だけで決まるものではありません。アクティブラーニングは、それにかぎらず多様な視点や方法を含んでいます。教科によっても異なる効果が現れるでしょう。しかし、グループワークこそ後の日本のアクティブラーニングの視点のひとつ「対話的な学び」の要素を含んでいます。

以上のような簡単な分析だけでも、因果関係を検証できたはずですが、行政も学者もじゅうぶんな根拠を示すことなく、アクティブラーニングの導入に向けた期待とその声ばかりがどんどん大きくなっていきます。それは、行き先がまちがっている（かもしれない）電車やバスに、みんな（特にアメリカ）が先に乗っているから、それに乗り遅れまいと焦燥していた当時の日本の教育界が想起されてしまうのです。

その「焦り」は教育界よりも経済界で強かったようです。一例ですが、二〇一三年七月には、日本経済団体連合会（経団連）の関連団体（経済広報センター）がアメリカの中学・高校教師一〇名を日本に招き、アメリカの対話型授業《アクティブラーニング》の様子について日本の教師と懇談の機会を設けています。それを紹介した新聞記事のなかで、アメリカの女性教師が「私の学校では授業を教師が一方的にやると解雇されます」と発言し、日本の教師たちがそれに驚いています（「求められる対話型授業」『毎日新聞』二〇一三年七月二九日朝刊）。日本の「遅れた」一方通行型の授業がアメリカの「進んだ」対話型授業に追いつくために、アクティブラーニングの実施が経済界、しかも業界最大手企業の属する経団連から強く要請されたことが推測されます。

「大学入学共通テスト」と「基礎診断」

二〇一七年三月に告示された学習指導要領にあわせて、学校のカリキュラムや授業が変わるだけではありません。二〇二〇年度（二〇二一年一月実施）に向けて本格的な大学入試改革が進められています。

高校と大学のあいだの結節点が大学入試であり、特に高校と大学の接続関係（高大接続）から、その見直しが進められてきました。二〇一三年には、安倍内閣の教育再生実行会議で、一点刻みの評価による知識偏重の大学入試のあり方が議論の対象になりました。そして第二期の二〇一四、一五年以降には、文部科学省において、高校教育、大学教育、大学入試改革の一体的改革「高大接続改革」が進められました。これらをうけて、これまでのように知識の詰め込み量だけを問う入試から、思考力・判断力・表現力についても評価する新しい入試へ変革しようとしています。小学校から高校、大学に至る学力の三要素やアクティブラーニングに連続させて、大学の入学試験が実施されようとしているのです。

そして、これまでの大学入試センター試験を廃止して、新たに「大学入学共通テスト」と「高校生のための学びの基礎診断」が導入されることになりました。

前者の「大学入学共通テスト」は、現在の大学入試センター試験の後継として、二〇二〇年度より実施されます。当初は資格試験としての利用を促すために年複数回の実施、一点刻みの成績評価をやめて段階別表示による成績提供、試験問題については、従来のマークシート方式による設問に加えて、複数の教科横断的な内容、グラフや表などの与えられた資料の読解を通して、思考力や判断力とともに、表現力を測るために、記述式問題の部分的な導入が提案されました。

大学入試センターは二〇一七年五月に「大学入学共通テスト」に向けて出題例を公開し、同年一一月には高校生を対象に第一回試行調査をおこないました。

国語の現代文のテストといえば、これまでの大学入試センター試験では語彙、小説や評論といった文章の読解が中心でしたが、共通テストでは、複数のグラフや図表・文章などから読み取れる情報や内容を考え、論述することが求められるようになります。公開された出題例には、ある架空の市の「景観保護ガイドライン」とそれをもとにした父子の会話を題材に、会話の内容や意見の対立点などを問う記述問題と、「駐車場使用契約書」を題材に賃借間のトラブルに対するアドバイスとその根拠を論じる問題が出題、公開されました。

数学の出題例〔図表1-4〕には、三角関数（sin、cos、tan）を用いて、公園の銅像が見えやすい位置や角度を算出する設問などが示され、解答を導き出す過程や根拠を論述する問題も一部に含まれています（大学入試センター『「大学入学共通テスト（仮称）」記述式問題のモデル問題例』）。

いずれも日常生活に即した問題ですが、解答にあたっては基礎学力（知識・技能）は不可欠であり、導き出す論拠を思考し、それを的確に表現する能力を診ようとしています。

また、英語の試験では、読む、聞く、話す、書くの四技能を評価するため、英検をはじめ民間の試験が活用される方針です（文部科学省『大学入学共通テスト実施方針』）。しかし、その課題や問題点については、英語教育の研究者より指摘されています（鳥飼玖美子『英語教育の危機』ちくま新書）。

他方、後者の高校生対象の「基礎診断」は二〇一九年度より国語、数学、英語の三教科

モデル問題例4

〔1〕 花子さんと太郎さんは，次の記事を読みながら会話をしている。

＝公園整備計画＝　広場の大きさどうする？

〇〇市の旧県営野球場跡地に整備される県営緑地公園（仮称）の整備内容について，緑地公園計画推進委員会は15日，公園のメイン広場に地元が生んだ武将△△△△の銅像を建てる案を発表した。県民への憩いの場を提供するとともに，観光客の誘致にも力を入れたい考え。

ある委員は，「銅像の設置にあたっては，銅像と台座の高さはどの程度がよいのか，観光客にとって銅像を最も見やすくするためには，メイン広場の広さはどのくらいあればよいのか，などについて，委員の間でも様々な意見があるため，今後，実寸大の模型などを使って検討したい」と話した。

(写真はイメージ)

花子：銅像と台座の高さや，広場の大きさを決めるのも難しそうね。
太郎：でも，近づけば大きく見えて，遠ざかれば小さく見えるというだけでしょ。
花子：写真を撮るとき，像からどのくらいの距離で撮れば，銅像を見込む角を大きくできるかしら。

見込む角とは，右図のように，銅像の上端 A と下端 B と見る人の目の位置 P によってできる∠APB のことである。

二人は，銅像を見込む角について，次の二つのことを仮定して考えることにした。

- 地面は水平であり，直線 AB は地面に対して垂直である。
- どの位置からも常に銅像全体は見える。

次の各問いに答えよ。なお，必要に応じて 10 ページの三角比の表を用いてもよい。

35

〔図表1－4〕大学入学共通テスト数学のモデル問題例

出典　大学入試センター「『大学入学共通テスト（仮称）』記述式問題のモデルの問題例」（同センターホームページより）

で導入される予定です。問題は知識・技能を中心に、思考力・判断力・表現力を問う内容も組み合わせて出題され、診断の結果は少なくとも二〇二二年度までは入学選抜の材料としては使用しないことになっています。「基礎診断」の実施主体は民間に委ねられ、文部科学省の認定基準をクリアした多様なテストが実施されることになります。そのため、高校生が共通して身につけるべき力をどのように示し、評価するかが課題になっています（「教えて！　大学入試改革」『朝日新聞』二〇一七年八月二三～二六日朝刊）。

また、基礎診断は高校生の基礎学力や学習意欲を高める目的で導入されるものの、この基礎診断が学習の動機づけになってしまっては、それが主体的な学習意欲といえるのか、意欲や学力を高める効果についても、現時点では未知数です。

第二期では、アクティブラーニングが大学に加えて、小・中・高校に下りてきました。その背景には、高度な人材育成を急ぐ経済界より、大学と高校との間の接続関係（高大接続）に向けた学校制度上の要請がありました。加えて、学校教育法の改正により盛り込まれた「学力の三要素」を反映させようとする教育上の要請もありました。アクティブラーニングは、高大接続や学力の三要素を初等・中等教育で実現する有効な方法として捉えられたのではないでしょうか。

ところが、学校現場は、そのように受け止めることはほとんどありませんでした。

4　授業改善の「視点」――第三期

教育方法の形式化

小・中・高校の現場において、アクティブラーニングという教育方法の評価は芳しいものではありませんでした。むしろ教育現場からは、それぞれの教員が担当する授業内容の方法を「アクティブラーニング」という特定の型にはめたり、指導技術の改善ばかりに終始してしまうのではないかという懸念や批判が生じるようになります。

学校現場の授業実践に注目すると、「アクティブ」という言葉の印象や語感から、体験・活動中心の学習活動《アクティブラーニング》としてとらえられ、ひとたび「アクティブラーニング」という言葉が広まると、授業中に話し合いや討論、教室外の校内・校外学習を採り入れたり、挙手の数や意見の発言回数を評価する形式的な方法ばかりが注目されるようになりました。

しかし、「活動あって学びなし」などと批判された文部科学省は、それを現場の誤解による「表層的な学び」であると火消しに追われることになります。

教育学の研究者のあいだからも、法的拘束力を有する学習指導要領において、アクティブラーニングが教育の方法として規定されることへの懸念が提起されるようになりました。それはともすれば教育方法を固定化させ、教師自身がアクティブラーニング、なかには形式的に活動を採り入れて実践すること自体が主たる目的になるなど、目的と手段が転倒してしまうおそれがあるというのです（田上哲「教育方法学的立脚点からみたアクティブ・ラーニング」日本教育方法学会編『アクティブ・ラーニングの教育方法学的検討』図書文化社）。

一連の批判や懸念、なかでも活動主義的な方法論ばかりが形式的に普及し、教科学習の質が落ちるとの懸念や批判への対応として、新たな論理《ロジック》が求められるようになりました。それこそが、教育方法から授業改善の「視点」への転換であり、「深い学び」を追加し、アピールすることでした。つまり、中央教育審議会の答申などにおいても、アクティブ・ラーニングは特定の教育方法、とりわけ体験や活動を採り入れた特定の「型」や学習方法ではないことがくりかえし説明され、代わって授業改善に向けた「視点」であることが強調されるようになりました。

「主体的・対話的で深い学び」へ

アクティブ・ラーニングが方法から視点に変わった二〇一五年の夏頃より、文部科学省や審議会においても、「アクティブラーニング」という言葉は後退していきます。

二〇一五年八月には、「課題の発見・解決に向けた主体的・協働的な学び」につづいて、丸括弧つきで、（いわゆる「アクティブ・ラーニング」）と付す形式が一般的になりました（中央教育審議会・教育課程企画特別部会「論点整理」）。しかし、教育活動のあらゆる目標・内容・方法・評価がアクティブラーニングの「視点」で捉えられることによって、むしろアクティブラーニングの実施が強化されていくことになりました。

翌二〇一六年八月の中央教育審議会教育課程部会「次期学習指導要領等に向けたこれまでの審議のまとめ（報告）」では、その後の学習指導要領のキーワード「主体的・対話的で深い学び」が前面に出てきました。アクティブ・ラーニングという言葉はその後にかぎ括弧つきで（「アクティブ・ラーニング」の視点、などのかたちで）言及されるにとどまりました。

先の「論点整理」における「協働的な学び」は「対話的な学び」に置き換えられ、「深い学び」が新たに追加されました。アクティブラーニングの登場以降、「形式的に対話型を取り入れた授業や特定の指導の型を目指した技術の改善」（前掲「論点整理」より）ばかりが広がり、「行きすぎた活動主義」や「活動あって学びなし」といった、教科学習の質低下に対する懸念や学力低下批判に対応すべく「深い学び」が追加されたと見られます。

ここで「主体的・対話的で深い学び」について、文部科学省の説明や学習指導要領をもとに、それぞれ説明しておきましょう。
「主体的な学び」とは、学ぶことに関心をもち、自己のキャリア形成とも関連づけながら、見通しを持って粘り強く取り組み、自己の学習活動をふりかえりながら、つぎにつなげる学びを言います。「対話的な学び」とは子ども同士の協働、教職員や地域の人との対話、先哲（昔の優れた思想家や書物）の考え方を手がかりに考え、自己の考えを広げ深める学びを指します。「協働的な学び」から「対話的な学び」になったのは、この先哲との関わりに言及したことも一因でしょう。そして「深い学び」とは、それぞれの教科や領域などの特質に応じた「見方・考え方」（中央教育審議会教育課程企画特別部会）にもとづいて、知識を相互に関連づけてより深く理解したり、情報を精査して考えを形成したり、問題を見出して解決策を考えたり、思いや考えをもとに創造することに向かう学びを指しています。

二〇一六年一二月二一日に、新しい学習指導要領に向けて示された中央教育審議会の最終答申「幼稚園、小学校、中学校、高等学校及び特別支援学校の学習指導要領等の改善及び必要な方策等について」では、「主体的・対話的で深い学び」が前面に躍り出て、それまでと同様に「アクティブ・ラーニング」はその直後に丸括弧つきで言及されるにとどまりました。たとえば、「『主体的・対話的で深い学び』の実現（「アクティブ・ラーニング」の視点)」のような書式です。同答申は、「アクティブ・ラーニング」から、子どもたちの「主体的・対話的で深い学び」の実現に向けて、共有すべき授業改善の視点として位置づけています〔図表1-5〕。

学習指導要領の告示

二〇一七年二月一四日に、文部科学省は小・中学校の学習指導要領の改訂案を公表しました。それは前回二〇〇八年告示の学習指導要領比で分量が約一・五倍に増え、教育の目標・内容・方法に関して、細部にわたる記述がめだちました。また「アクティブ・ラーニング」という表記はいっさい削除され、代わって「主体的・対話的で深い学び」に置き換えられました。それ以前より、方法から視点への転換や言葉自体も少しずつ後退していったとはいえ、突然の「アクティブ・ラーニング」の削除には戸惑いや疑問・批判の向きもあったようです。公表から一ヵ月間、文部科学省は一般からの意見(パブリック・コメント)を募集したところ、「アクティブ・ラーニング」という表記が使われなくなったことへの疑問や意見が数多く寄せられたといいます。

二〇一七年三月三一日に告示された新しい学習指導要領でも、やはり「アクティブ・ラーニング」という言葉は確認できません。代わりに「主体的・対話的で深い学び」で統一

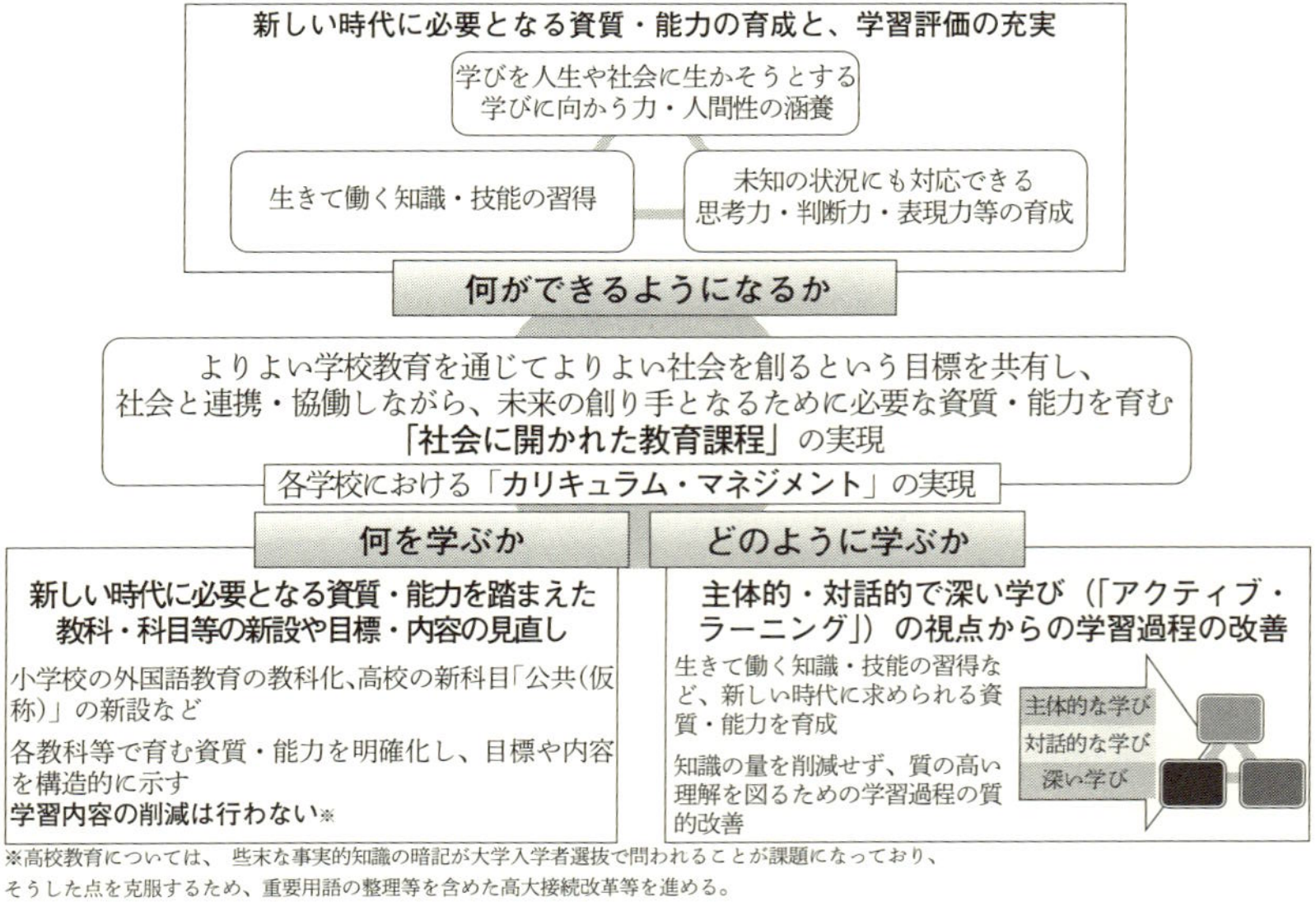
新しい時代に必要となる資質・能力の育成と、学習評価の充実
学びを人生や社会に生かそうとする
学びに向かう力・人間性の涵養
生きて働く知識・技能の習得
未知の状況にも対応できる
思考力・判断力・表現力等の育成
何ができるようになるか
よりよい学校教育を通じてよりよい社会を創るという目標を共有し、
社会と連携・協働しながら、未来の創り手となるために必要な資質・能力を育む
「社会に開かれた教育課程」の実現
各学校における「カリキュラム・マネジメント」の実現
何を学ぶか
新しい時代に必要となる資質・能力を踏まえた
教科・科目等の新設や目標・内容の見直し
小学校の外国語教育の教科化、高校の新科目「公共(仮称)」の新設など
各教科等で育む資質・能力を明確化し、目標や内容を構造的に示す
学習内容の削減は行わない※
どのように学ぶか
主体的・対話的で深い学び（「アクティブ・ラーニング」）の視点からの学習過程の改善
生きて働く知識・技能の習得など、新しい時代に求められる資質・能力を育成
知識の量を削減せず、質の高い理解を図るための学習過程の質的改善
主体的な学び
対話的な学び
深い学び
※高校教育については、些末な事実的知識の暗記が大学入学者選抜で問われることが課題になっており、
そうした点を克服するため、重要用語の整理等を含めた高大接続改革等を進める。

〔図表1－5〕学習指導要領改訂の方向性（中央教育審議会答申補足資料、2016年12月21日をもとに作成）

されました。学習指導要領は法的拘束力を有する法令であり、文部科学省は定義の不十分なカタカナ語または多義的で概念の確立していない言葉の使用を回避したようです（『生きる力』3つの柱で」『朝日新聞』二〇一七年二月一五日朝刊）。

学習指導要領が告示されると、アクティブ・ラーニングの削除と新たな「主体的・対話的で深い学び」をめぐって、今度は学校現場で混乱を招くことになりました。それまで試行的に実践してきた「アクティブラーニング」と学習指導要領の「主体的・対話的で深い学び」との異同についての検討、「主体的・対話的で深い学び」の実践に向けた具体的な方向性が求められるようになりました。ただでさえ多忙な教師にとっては、それに向けて、校内外の会議、説明会や研修会の出席をはじめたいへんな作業になったようです。

なお、二〇一七年六月に公開された学習指導要領の「解説」は、それ自体が法令ではないこともあり、「主体的・対話的で深い学び」の直後に、やはり括弧つきで（アクティブ・ラーニングの視点）という言葉が見られます。

「視点」の問題点

「主体的」「対話的」「深い」のいずれも、一読して理解するのは難しい、やや抽象的な授業改善に向けた「視点」であることは否めません。

また、「アクティブ・ラーニング」にせよ、「主体的・対話的で深い学び」にせよ、あるいは「資質・能力」にせよ、教育や学びについての具体的な方法論ではなく、目標・内容・評価を含めて一体化され、授業改善や学びの「視点」になりました。「視点」への転換によって、以下四点の問題や矛盾が明らかになったように見えます。

第一に、カリキュラムの構成にかなりの無理が生じることになりました。特に学習指導要領では、各教科のみならず教科外活動についても、目標・内容・方法・評価のあり方を（やや強引に）三点に分類、集約させています。このほか、中学校の部活動についても、関係教科と関連づけた「主体的・対話的で深い学び」をめざすべきものとしてとらえるなど、強引な内容もありました（中央教育審議会教育課程企画特別部会「次期学習指導要領に向けたこれまでの審議のまとめ（素案）のポイント」平成二八年八月一日）。

第二に、教室のなかで実現・達成すべき水準が相当に高いものになりました。とりわけ「深い学び」については、習得した概念や考え方を活用し、自ら問いを発見し、課題の解決をおこなう探究的な学びの過程とされています。限られた時間のなかで、多様な子どもたちを相手にした授業が求められる教師にとって、その達成水準はきわめて高くなり、思惑通りの実現はおそらく困難でしょう。その場合、授業改善の視点を有する教師に責任が帰せられることになります。子どもたちのあいだでは学力や意欲の格差拡大が懸念されます。

第三に、学力の三要素①知識・技能、②思考力・判断力・表現力に加えて、③学びに向かう力や人間性が問われることになりました。個々の児童・生徒の感情・情意や意思といった内面のあり方についても、到達すべき目標が設定され、評価の対象になります。そもそも評価が可能なのか、子どもたちの内面評価による管理を強化することにならないか懸念を覚えずにはいられません。

第四に、管理は子どもばかりではなく教師にも及ぶ可能性があります。新しい学習指導要領は、各教科の特質に応じた「見方・考え方」をはじめ、学びや授業改善の視点が盛りだくさんです。一部では具体的な授業像や学習活動の手続きにまで言及するなど、あまりに微に入り、細に亘っています。それは国の提示する学習指導要領やその「視点」に従って教育活動をおこなうよう学校現場に対して強く求め過ぎているように見えます。本来、教師の仕事は目の前の子どもたちやクラスの特徴を踏まえて、独自の視点で創意工夫しながら、授業を展開したり、一人ひとりの子どもに臨機応変に対応することが求められます。ところが、そのための余地やゆとりはじゅうぶんにないどころか、教師集団のなかに、国の方針だからとりあえず従っておけばよいという諦めにも似た感情や雰囲気を作り出すことになりはしないでしょうか。教員研修等を通じて、その視点の死守が徹底されれば、教員や授業の個性がうしなわれ、標準化するどころか、画一化してしまうおそれもあります。

5 「ゆとり」から「ふとり」へ？

「ゆとり教育」の後遺症

一九九八・九九年改訂・告示（二〇〇二年より全面実施。高校は〇三年）の学習指導要領における「ゆとり教育」の反省から、二〇〇八年に改訂・告示された（高校は〇九年）学習指導要領では、「確かな学力」の確立をめざし、標準授業時数を増やす一方で、アクティブラーニングを先取りした学びの時間である「総合的な学習の時間」の時限数を縮減しました。

二〇二〇年より全面実施される小学校の学習指導要領では、授業時限と学習内容が増加します。まず、小学校高学年では外国語（多くは英語）が教科として新設されることになりました。すでに二〇一一年より五・六年生を対象に年間三五時限（週一コマ分）の外国語活動がおこなわれてきました。二〇一七年に改訂・告示された学習指導要領では、外国語活動は学年を下げて小学校三・四年生を対象に年間三五時限、小学校五・六年生では七〇時限（週二コマ分）の「外国語（英語）」が教科として設置され、二〇一八年度から先行実施されるなど、本格的な英語教育がはじまろうとしています。

さらに、内閣の日本経済再生本部に設置された産業競争力会議におけるＩＴ関連業界などからの提案を受けて、政府の成長戦略のひとつとして、既存の各教科のなかで、プログラミング教育がおこなわれることになりました。子どもたちは小学校段階からコンピュータに指示を出す作業を学ぶことになります。

小学校の年間標準授業時数は三年生で九四五時限から二〇二〇年以降には九八〇時限（週二八時限）へ、四〜六年生では九八〇時限から一〇一五時限（週二九時限）に増えます。小学校六年間の標準授業時数は五七八五時限になりました。三〇〜四〇年前の標準授業時数とほぼ同じです。

当時の学校は、週六日制（ただし土曜日は午前中授業）でした。現在の完全学校週五日制でおこなうには、時間的に厳しいでしょう。なお、四〜六年生の年間一〇一五時限というのは、小学生には限界とされてきた標準授業時数の九八〇時限を大幅に超過しています。教師や児童への負担が懸念されます。

中学校では、教科・科目の新設も授業時限数の増減もありません。高校（二二年より実施）では、「理数科」の新設、二八の科目等の新設や大幅な内容変更などの再編が予定されています。「総合的な探究の時間」など「探究」の名称をもった科目が増え、既存の教科でも、地理歴史科の「地理総合」「歴史総合」、道徳教育の中核を担う科目として公民科「公共」が新設されます。

いずれの学校段階や教科教育さらには教科外教育でも、主体的・対話的で深い学び（アクティブ・ラーニング）や資質・能力の視点が導入されることになります。つまり、教師は一方的な説明だけに終始せず、グループディスカッション、グループワーク、課題解決型学習などを採り入れつつ、主体的・対話的な学びを通じて、さらに学びを深めることが求められます。そのために教師からのじゅうぶんな説明に加えて、対話的な学びや学びを深めるための時間的なゆとりが必要なのは自明なことです。

しかし、馳浩《はせひろし》・文部科学大臣（当時）は、二〇一六年五月に「教育の強靭化に向けて」というメッセージを発表しました。このメッセージは、学習指導要領に向けた審議のまとめ（同年八月）の発表を前に、「ゆとり教育」への訣別宣言として、学習内容（量）を減らさないことを明確にしました。

授業時限数や学習内容という基本的な枠組みを変えずに、新たな教科の設置、学習内容の追加、さらにアクティブラーニングの視点を導入すれば、学校教育は二〇年前の「ゆとり教育」から、教師も児童・生徒もじゅうぶんに消化しきれないほど盛りだくさんの「ふとり（太り）教育」になることは目に見えています。

「カリキュラム・マネジメント」という名の責任転嫁

「ふとり教育」の肥大した部分、つまり新たに生じた部分はどうすればいいのでしょうか。それは「カリキュラム・マネジメント」をおこなう学校の裁量に大きく委ねられることになりました。カリキュラム・マネジメントとは、地域や子どもたちの実情を踏まえて、各学校が設定する教育目標を実現するために、学習指導要領などにもとづいて、教育課程を編成し、実施・評価・改善していくことを指します。

ところが、全国の学校を訪ね歩き、新聞記者として取材をつづけてきた氏岡真弓さんによると、アクティブラーニングの導入にともない「話し合いや発表を採り入れ、時間が足りなくなる授業をこの間、いくつも見た。深い学びを目指せば、相応の時間がかかり、教える中身を絞らざるを得ないと思うのだが、どこまで可能なのか」（氏岡真弓「社説余滴　量の問題に向き合って」『朝日新聞』二〇一六年九月二日朝刊）という指摘がありました。

わたしにも同じような経験があります。小学校の授業を見学する機会が多いのですが、授業中の「話し合い」といっても四五分の授業時間のなかで、せいぜい一～二分程度の時間が設けられるに過ぎないこともあります。むしろすべての子どもたちに教科書の知識や授業の内容を習得、定着させようとするだけで、授業時間いっぱいというのが現状です。どれだけの子どもがどの程度の深い学びを達成しているのでしょうか。

ある公立中学校の校長は、試行的にアクティブラーニングを導入したところ、できる子とできない子の差が一目瞭然になってしまった残酷さを報告しています。保護者のあいだからも、「アクティブラーニングでは、勉強ができる子は議論をリードできるが、授業についていくことさえ難しい子はわからないまま議論が進んでしまい、つらい思いをしているので、じゅうぶんな配慮をして欲しい」との要望が出たといいます。学力差の大きい公立小・中学校におけるアクティブラーニングの導入には、学習に苦手意識を持つ生徒や遅れがある生徒に最大限配慮しなければ、「つらい残酷な授業」になってしまうのです（神奈川県公立中学校校長F「アクティブ・ラーニングの残酷さ」『日本教育新聞』二〇一六年一二月五日）。

時間的なゆとりが不足することは明白です。必要最低限の知識さえ身につかないまま、たとえば話し合いばかりに時間を取られて、授業が終わってしまうかもしれません。「深い学び」など、一部の子どもたちにとっては可能であっても、それ以外の子どもたちには到達できない可能性もあります。

授業時数がじゅうぶんに確保できない、児童の理解度や深い学びが不十分だとしても、いずれも「カリキュラム・マネジメント」のもと、学校（校長）や教師それぞれが責任を負うことになるのです。

ここで重ねて強調しておきたいのは、学校の自由裁量で教育課程をマネジメント（運用）できるわけではない、ということです。あくまで教育課程の「最低基準」であり、法的拘束力を有する学習指導要領に基づいたマネジメントでなければなりません。つまり、学習指導要領に書かれた目標を達成するために、内容の時間的配列や人的な資源の配分、問題が生じた場合の改善は学校が責任を持って裁量することになります。増える授業時数をどのように確保するか、新たに導入されるプログラミング教育をどの教科でどのようにおこなうか、そのほとんどを学校の裁量に一方的に委ねる「カリキュラム・マネジメント」なのです。

年間標準授業時数も学習指導要領に書かれた最低基準のひとつですから、それ以上の授業時数を各学校の責任で確保しておかなければなりませんし、実際に標準授業時数以上の授業時数を確保している学校が多いのが実情です。自然災害などの不意のアクシデントによって、授業時数が不足すれば、学校の裁量と責任で補うことが求められているからです。

これからはカリキュラム・マネジメントと連動して、アクティブラーニングや主体的・対話的で深い学びの視点による授業がおこなわれます。じゅうぶんな授業時数を確保するために、学校（校長）の裁量によって、従来の四五分授業を六〇分授業へ、朝のホームルームの時間や土曜日の活用、子どもたちが楽しみにしている夏休みや冬休みなどの長期休業期間を短縮して、対応しようとしている学校や地域もあります（「小学生は超多忙　読書や計算、漢字練習　時間割パンパン」『朝日新聞』二〇一六年二月二三日朝刊）。

なかでも静岡県吉田町では、教師の長時間労働解消と授業時数確保のために、教育委員会が二〇一八年度の町立小中学校の夏休みをわずか一六日間程度に短縮するプランを発表し、話題になりました。そのために一億九〇〇〇万円という多額の費用をかけて町内三小学校の全八九教室にエアコンが設置されました。ところが、その後、保護者や教職員のアンケートをはじめ町内外から寄せられた意見をうけて、夏休みのみならず、冬休みや春休みの縮減も含めたプランを再検討、内容を見直したうえで、二〇二〇年度から実施されることになりました（「『夏休み16日間』先送り　静岡・吉田町」『朝日新聞』二〇一七年一〇月二八日朝刊）。

現在の教職員の業務量や児童・生徒の学習内容についてじゅうぶんに検討しないいま、教員の出勤日や子どもたちの登校日だけを増やしても、根本的な問題の解決にはならないでしょう。ところが、文部科学省はこれを推奨し、「カリキュラム・マネジメント」のもとで正当化し、実施しようとしているのです。

土曜日の活用が広まるとすれば、一九九二年に月一回というかたちで開始された学校週五日制（週休二日制）とはそもそも何だったのでしょうか。「ゆとり教育」との訣別を宣言するにはあまりに不十分な内容ではないでしょうか。

わたしのような歴史を研究してきた人間など、戦時下の国民精神総動員のスローガン「足らぬ足らぬは工夫が足らぬ」をつい思い出してしまいます。「カリキュラム・マネジメント」の理念や論理はこのスローガンとオーバーラップするにじゅうぶんです。精神論や根性論ばかりが先行し、そのじつ、教育現場がまったく追いつかない、または無理に追いつかせようとすることへの懸念は尽きません。

二〇二〇年より全面実施されるアクティブラーニングや学習指導要領の問題点や課題を述べてきました。歴史の話が出てきたところで、早速、タイムマシンに乗って、本書の目的である歴史上の〈アクティブラーニング〉の旅に出かけましょう。

第二章　近代教育史の〈アクティブラーニング〉
——大正新教育・戦時下新教育

私たちはタイムマシンに乗って、大正時代の東京郊外にやって来ました。場所はいまでいう東京都世田谷区成城。耳を澄ませると、小学生が教室の外に出て、自然観察をしながら、友だち同士いろいろ話し合っています。

1　近代学校の矛盾と「教育改造」

「学校」の誕生

私たちがよく知る「学校」は明治期になって誕生した教育機関です。それまでの江戸時代にも、藩校、寺子屋（手習い塾）、私塾などの多様な学び舎がありました。しかし、ほとんどの子どもがそうした学び舎に通うこともなければ、当時の身分（士農工商）や地域によって学ぶ場所や機会は大きく異なりました。

ところが、「学校」は身分や地域を超えて、ひとしく国民に同じ教育内容を提供する公教育機関です。近代日本の学校教育の目標は、当時の先進国であった欧米列強に比する国家の建設に向けて、それにふさわしい知識と技能をもった人材を育成すること、そして「日本国民」というアイデンティティを通じて、国民統合をおこなうことにありました。

近代国家の政治や経済に従属するかたちで、学校教育が存在していたのです。

国の定めた年限を学校に通わせなければならないとする義務教育制度は一八八六（明治一九）年に発足しました。教育内容は全国で統一され、教える者も師範学校（現在の国立大学教員養成学部の前身）で専門的な訓練を受け、免許を与えられた「教師」（戦前の小学校教員は「訓導《くんどう》」といいましたが、以下「小学校教師」「小学校教員」も併記）の担当が原則になりました。

個人化と国民化

近代国家をめざした明治政府により、西欧文明・制度の摂取（欧米化）とともに、天皇制を中心とした「日本化」に向けた国民統合も進められました。

欧米化と日本化の同時進行は、つねに大きな矛盾を抱えていました。

近代社会とは、それ以前のヨーロッパの旧体制《アンシャンレジーム》や日本の近世社会などと比較して、人びとが身分制度や共同体といった社会的な拘束から解放された、自由主義を基調とした社会を指します。その理念の象徴が、よく知られるフランス人権宣言「自由・平等・博愛」です。それまでの身分制度が崩壊し、近代人は一個人として解放されます。近代人は自立した存在として、自我にめざめ、自己実現をめざします。

しかしその一方で、近代人は、組織やコミュニティの所属を通じて、アイデンティティ（拠りどころ）と心理的な安定を得ることになります。そのアイデンティティのひとつが日本国籍の保有を根拠にした「日本人」でした。

個人の解放（個人化）と個人の統合（国民化）――この矛盾を引き受けて、子どもの教育をおこなう場がほかならぬ学校でした。

国家は、学校を通して、すべての子どもたちに等しく教育の機会を与え、一斉授業を通じて、共通の内容を伝達します。近代天皇制と国民国家のもとで、日本の学校教育は国民統合装置として機能します。ひとりの教師から一度に多数の学習者（子ども）に情報を伝達できる学校教育は国民統合の手段として非常に合理的で、教育勅語や建国神話などの教育を通して、愛国心を育み、「国民化」を促しました。

その一方で、学校は、多様な背景をもつ児童や生徒の進路を差異化していく機能も担いました。つまり、近代人のなかには、身分制度や地域といったしがらみから社会移動（上昇移動）を試みる者も出てきます。その手段はおもに学校教育を通じた学歴の獲得でした。

本邦初の〈アクティブラーニング〉指南書

近代学校は、一斉授業や一斉教授のスタイルとともに誕生したといっても過言ではありません。それはひとりの教師が多数の児童・生徒を相手に授業をおこなう方式です。明治期の小学校では、一学級の児童数は最大七〇名、特別の事情があれば八〇名まで収容できることが定められていました（第三次小学校令施行規則第三十条、一九〇〇年）。しかし、多様な学力や背景の子どもが多数集まる過大な学級で、教師が一方的に教科書の内容を復誦し、子どもたちに知識を注入、暗記させようとする授業はなかなか成立しなかったのでしょう。

一斉授業は明治初期から形骸化し、早くも問題になっていました。

そこでヨーロッパの教育学にヒントを求めて、児童・生徒の授業への参加を促す問答法が日本でも採用されることになりました。それは教師が児童・生徒と質問―応答のやりとりを通じて、授業を進めていく「分解問答」と呼ばれる方法でした。

そのなかでも、一八八三（明治一六）年に刊行された『改正教授術』（若林虎三郎・白井毅編）は、全国の教師や訓導に対して、問答法という〈アクティブラーニング〉を指南した、おそらく最初期の代表的な授業マニュアルでした。その内容は、子ども自身の体験や観察、または、思考や発見をともないながら、教師との応答（問答）を通じて、子ども自身の主体性や探究心を芽生えさせる開発主義を強調しています。

以下の「水亀」の授業は、教師と児童とのあいだの模範的な問答のあり方として掲載されています。教師は子どもに亀の標本を見せた後、「是ハ何物ナリヤ」（これは何ですか）と問いかけます。その後には以下の問答がつづきます。

教　甲ヲ以テ蓋《おお》ハレザル部分ヲ語レ
生　頭、頸、足、尾ナリ
教　汝等ノ観察少シク誤レリ　誰カ頭ト尾ヲ熟視シタルモノアリヤ
生　某ノ優等生曰ク「尾ニハ鱗様ノモノアレドモ頭ニハ之ナシ」　級決　教可
教　実ニ然リ　鱗ハ甲ノ一種ナリ　故ニ之ヲ鱗甲《りんこう》ト云フ
生　諾ス

亀の甲（甲羅）についての教師と児童との問答です。教師（教）は児童に亀の標本を観察させてはいるものの、両者の問答では、児童（生）の試行錯誤の過程を欠いたまま、質問を中心とする教師の一方的な授業展開が優先されています。しまいには、教師は優等生を指名し、やや強引に正答（鱗甲）の存在を答えさせ、間髪を入れずに学級全体で「はい、そうです」と「級決」し、教師も「はい、その通りです」と「教可」する流れになっています。

この授業展開は、開発主義の教育目標から、大きくかけ離れているように見えます。それは、この問答が教師による強い統制のもとで、形式的な知識の伝達や正答主義に陥っているように見えるからです。もちろん、全国の学校でも、この筋書きの通りに授業が進められたとも思えず、問答だけで授業の内容を理解できない児童がいたとしても不思議ではありません。

しかし、問答法は、その後も教員養成を担った師範学校から全国の学校や教師に普及していきました。ただし、あらかじめ用意された教師による一方的な問いかけと児童からの答えをくりかえす分解問答の形式化が進み、一方的な知識の注入に陥っていきました。

その本格的な克服は、明治末期から大正期にかけての「教育改造」または「新教育」の展開をまたなければなりませんでした。そこでは、いかに子どもたちが自ら思考、発見していくか、それを教師が適切に導いていくための発問の仕方に関する研究も同時に進められていくことになります（豊田久亀『明治期発問論の研究』ミネルヴァ書房）。

教育改造と「新教育」

学校教育制度の完成が近づく明治後期から大正期になると、それまでの「国民化」優先の知識の段階的な教授を重視する系統主義または注入主義の教育に代わって、子ども個人やその個性または経験を重視する新しい教育のあり方（新教育）が主張されます。

それは「児童をして自己の活動（セルフアクティビティー）によりて遊戯的に学習せしむべきこと」（樋口勘次郎《ひぐちかんじろう》『統合主義新教授法』同文館）や「教授の原則は、生徒を輔導して自ら学ばしむるにありと云ふ」（谷本富《たにもととめり》『新教育講義』六盟館）といった考えに代表されるものです。輔導とは正しい方向に向けて導き支援することを意味します。現代風にいえば、ファシリテート（facilitate）で、「注入」や「訓育」の対義語に当たるでしょう。

それまでの明治以来の学校教育（旧教育）が教師中心の注入主義、形式主義、画一主義で特徴づけられるとすれば、新教育は子どもたちが自ら進んで学ぶ自学主義、活動や体験を通じて学ぶ経験主義にもとづき、学ぶ側の自発性を尊重し、教師は子どもたちの学びを輔導《ファシリテート》すべきであると主張しました。これは大きな転換です。それは同時に学びの主体としての子どもの可能性を見出し、そこに依拠した教育活動をおこなう点で、「子ども」の発見でもありました。新教育の理念においては、教師による一方的な知識の注入から子どもを解放し、子ども一人ひとりを個性をもった存在とみなし、一人ひとり自らの興味や関心にもとづいて、自発的な活動を通して学び、教師はその輔導を担うべき存在だと考えられました。それはまた児童（子ども）中心主義にも通じる理念でした。

大正期に入ると、その理念のみならず、実現に向けた「教育改造」が教育界で流行語にもなります。大正デモクラシーという当時の時代や社会背景もあり、個人があらためて自由や自我に目覚めるなかで、教育の分野でも、新しい学校教育や芸術教育のあり方がさまざまに模索、提案、実践されるようになりました。それが大正新教育運動です。

とりわけ学校教育では、師範学校附属学校（現在の国立大学教育学部等の附属学校の前身）や私立学校において、新教育の理念にもとづく学校（新学校）が都市部を中心に創立されました。子どもの自由・自発性、興味・関心の重視、自然や生活と教育を結びつける実践、労作教育はじめ体験や経験を重視した学習、個別学習などが実施されました。

当時の〈アクティブラーニング〉はどのように実践、展開されたのでしょうか。以下、ふたつの小学校の取り組みについて、見ていきましょう。ひとつは成城小学校の自学自習やドルトン・プランの試み、もうひとつは奈良女子高等師範学校附属小学校の学習法や合科学習の実践です。いずれも近代日本の学校教育で、注目と関心を集めた新教育としての〈アクティブラーニング〉の試みでした。

なお、両小学校は今日も現存しており、優れた実践をおこなっています。以下では両校のかつての実践上の課題や問題点を中心に挙げているように見えますが、それを克服しながら、今日の実践に至っていることを忘れてはなりません。

2　成城小学校の自学自習――ドルトン・プラン

私立・成城小学校の誕生

　東京都の世田谷区に成城学園という私立学校があります。成城学園は大正新教育運動で非常に注目を集めた学校のひとつでした。いわゆる新教育の実践校は一般に「新学校」と呼ばれ、なかでも成城小学校（現在の成城学園初等学校）は「新教育のメッカ」「新教育の殿堂」と言われ、新学校の代表のひとつでした。

　成城小学校の教育理念は「自学自習」でした。それは児童一人ひとりが自由に自ら主体的に課題を発見し、活動や体験を通じて学ぶことが期待された実践です。成城小学校の〈アクティブラーニング〉ともいうべき自学自習がどのように展開し、帰結したのかを考察していきましょう。

　成城小学校の創立者は、当時すでに教育行政家・思想家・宗教家としてひろく世に知られた澤柳政太郎《さわやなぎまさたろう》（一八六五〜一九二七）でした。澤柳はかねてから国民の基礎教育の場である初等教育（小学校教育）の重要性を自覚し、初等教育の実験や研究を通じて、理想の私立小学校の設立と小学校教育のあり方を構想していたようです。その実現のために、成城小学校を創立しました（新田義之『澤柳政太郎』ミネルヴァ書房）。澤柳は自学自習を「教育法として最も望ましい又効果の多いものである」と考えており、成城小学校の教育活動はその理念にもとづいておこなわれました（澤柳『実際的教育学』明治図書）。

創設理念と開校

成城小学校はどのような自学自習をめざしたのでしょうか。

澤柳は一九一七年一月に「私立成城小学校創設趣意」を発表しました。創設趣意では、「個人の天賦の性状・能力を伸展させる」ことを目的に、「個性尊重の教育」「自然と親しむ教育」「心情の教育」「科学的研究を基とする教育」の四綱領を「希望理想」としました。

成城小学校の創立の理念は、個人の能力（天賦）を尊重し、個性、自然、心情を重視した教育をおこなうことにありました。また、「科学的研究を基とする教育」とは、児童にとって望ましい教育のあり方に、科学的根拠を求めて実験をおこなうことでした。成城小学校は新教育の「実践校」であるとともに、教育活動の根拠を得るための「実験校」というふたつの性格を有していました。

また、当時の公立小学校が一学級六〇名以上の児童を収容していたところ、成城小学校は一学級三〇名以下の児童に制限する少人数教育の実践をめざし、一九一七年四月に開校しました。

恵まれた私立小学校

成城小学校は訓導（教員）の資質・能力や児童の家庭背景の面で恵まれた学校でした。開校に合わせて新規採用された訓導は、全国に募集をかけて、論文と面接によって選抜されました。選ばれた全員が師範学校を卒業し、訓導としての経験もじゅうぶんでした。成城着任後は授業実践のみならず、その実践報告を研究論文として同校刊行の雑誌『教育問題研究』などに発表したり、自ら教育書を刊行するなど、教育問題や授業研究、そしてその成果の発表にきわめて意欲的な人物揃いでした。

在学する児童の家庭環境についても、その多くが「新中間層」を出身階層とする子どもたちでした。父親は高学歴で、学校や大学で得た知識をもとに、官庁や企業、団体などに雇用され、専門的、技術的、事務的、保安的職業に就く「知識階級」でした。母親も高等女学校以上の学歴を有する専業主婦が多くを占めました。経済的にも安定し、文化的な関心も高く、子どもの教育に熱心な家庭が多かったようです（小針誠『〈お受験〉の社会史』世織書房）。

一九二六〜三七年の成城小学校の在学児童の保護者に注目すると、全体の七〇・七パーセントが新中間層でした（門脇厚司・北村久美子「大正期新学校支持層の社会的特性」『筑波大学教育学系論集』一四—二）。同時期の東京の新中間層の割合が一二〜一三パーセント程度に過ぎなかったことを考えると、成城小学校の保護者の新中間層比率の高さが際立っています。公立小学校が無償になりつつあった大正末期に、高額な授業料（月額三円）が負担できる経済力とともに、そのための出費を惜しまない教育的・文化的な関心の高さが成城小学校を支えていたのです。当時の月額三円といえば、現在の価値に換算して月二万〜三万円に相当する額でしょうか。

それを反映するように、成城小学校に入学したばかりの一年生二五名の平均語彙数が四〇八九（最多五一六二〜最少三五〇〇）と、澤柳本人が児童の豊かな語彙力に驚いていたほどでした（澤柳政太郎・田中末廣・長田新『児童語彙の研究』同文館）。また、家庭では、小学校一年生にして、「桃太郎」や「舌切雀」といった日本の昔話、またはイソップ童話などの幅広いジャンルの本の読み聞かせがおこなわれ、当時にしては珍しい『コドモノクニ』『子供之友』などの児童雑誌を定期購読していた児童もいました。児童たちの言葉も高尚で、なかには保護者に対して「神様がなんでも造つたといふその神様はだれが造つたか」のような抽象的で難しい質問をするなど、成城小学校の児童の基礎学力や興味、関心の高さは文化的に恵まれた家庭環境のなかで育まれたと考えられます（松本浩記《まつもとこうき》『低学年の学級経営』文化書房）。

訓導の資質や能力、保護者の社会階層や教育関心、児童の基礎学力の高さなどの点で、成城小学校は教育活動にあたって非常に恵まれていた学校であったことを念頭に置きつつ、以下、同校の実践を見ていきたいと思います。

ユニークな実践——成城小学校の教育課程

まず当時の公立小学校の教育課程（教科目別週間授業時数）と比較しつつ、成城小学校の特徴を見てみましょう〔図表2－1〕。

注目すべき点は、一年次の「国語」が読方、聴方、読書、綴方、書方の合科になっています。また、各学年を通じて、「英語」の授業が設けられていました。一九二二年四月には、アメリカ人のネイティブスピーカーを招聘し、英語教育が開始されています。その教育法はダイレクト・メソッドと呼ばれ、活動や遊びを中心とした学習方法でした。また、文字と音の法則性から正しい発音をめざすフォニックス（Phonics）が採用されるなど、今日の英語教育にも通じる本格的なものでした。

公立小学校	1学年	2学年	3学年	4学年	5学年	6学年
修身	2	2	2	2	2	2
国語	10	12	12	12	9	9
算術	5	5	6	6	4	4
日本歴史					2	2
地理					2	2
理科				2	2	2
図画	(1)	(1)	1	1	男2女1	男2女1
唱歌	4	4	1	1	2	2
体操			3	3	3	3
裁縫				女2	女3	女3
手工	(1)	(1)	(1)	(2)	(2)	(2)
計	21	23	25	男27女29	男28女30	男28女30

成城小学校	1学年	2学年	3学年	4学年	5学年	6学年
修身				1	1	1
読方	12	5	5	5	4	4
聴方		2	2			
読書		2	2	2	2	1
綴方		2	2	2	2	2
書方			1	1	1	1
美術	3	3	3	3	3	3
音楽	2	2	2	2	2	2
体操	3	3	2	2	2	2
数学		5	5	5	5	5
理科	2	2	2	2	2	2
地理				2	1	1
歴史					2	2
英語	2	2	2	2	2	3
特別研究				2	2	2
計	24	28	28	31	31	31

出典　浜田陽太郎他編著（1978）『近代日本教育の記録　下巻』日本放送出版協会 17 頁
註　1時限の長さは低学年は約 30 分、中学年は 35 分、高学年は 40 分位。また（数字）は随意科目（自由選択科目）の時限数を指す

〔図表2－1〕公立小学校（1919年・上表）と成城小学校（1922年・下表）の教科目学年別週間授業時数

〔図表2－2〕創設当時の成城小学校の自学自習の様子
出典　成城学園『成城学園70年の歩み』35頁

このほか、当時の公立小学校では筆頭科目としてもっとも重視されていた修身を低学年で廃止し、早い学年から理科を教えるなど、児童の発達に応じた教育を試みようとする点で、成城小学校の教育実践は公立小学校とちがって非常にユニークでした。

また、「特別研究」は自学自習をおこなう時間として設けられ、児童一人ひとりが自ら問題や課題を発見し、「好きな科目、好きな題目をもつて、夫々《それぞれ》先生の処へ行つて研究する」時限として構想されました。国語を専門とする訓導はお話や文学、童謡・童話、創作の相談や指導を、理科の訓導は理科実験の工夫、制作や農作業など、それぞれの教科別の担当を決めて、児童たちの自由研究の時間としました（小原國芳《おばらくによし》「成城だより」『教育問題研究』二六）〔図表2－2〕。

「楽しい印象しか残っていない」――ドルトン・プランの経験

成城小学校の自学自習を理論的・実践的に支えたのがヘレン・パーカースト（一八八七～一九七三）が提唱したドルトン・プラン（Dalton Plan）でした。

パーカーストによれば、自主的で信頼できる人間を形成するために、教師主体の学校組織や教師からの一方通行の授業を廃しました。代わりに生徒は主体的かつ自主的な学習をおこなう存在とされ、教師はそのアドバイザーであり、学校、学級、実験室はそのための共同体として位置づけられました。生徒は一〇歳以上（第四学年以上）になると、各教科専門別に設けられた実験室に出入りし、専門の教師のもとで、助言を受けつつ、参考書や教具を使った自学や協同学習がおこなわれます。学習計画は、教師と生徒との契約仕事（Contract Job）として、生徒自らが立てた毎月の「学習割り当て」をもとに、各自の理解や進度による学習が奨励されました（吉良偀『大正自由教育とドルトン・プラン』福村出版、伊藤朋子『ドルトン・プランにおける「自由」と「協同」の教育的構造』風間書房）。

成城小学校では、一九二三年二月よりドルトン・プランによる研究授業がおこなわれるようになりました。最初は小学校における「特別研究」がドルトン・プランのための時限とされ、翌二四年四月以降には、小学校の複数教科、そして小学校のみならず成城学園内の諸学校でも本格的に実施されることになりました。

ドルトン・プランは、成城小学校あるいは学園全体の自学自習の実現を期待されて導入された、後の教育研究においても、好意的な評価を与えられてきました。

その根拠のひとつとして、一九二三年頃の成城小学校五年生による「楽しい印象しか残っていない」というドルトン・プランの実体験談がたびたび引用されます。


私が五年になった時、有名なダルトン《（ママ）》・プランが導入実施された。午後の体操、音楽、図工、修身（一斉授業と言った）を除き、午前中は時間割りなし、生徒は全く自由だと言う。

月初めに一か月分の各学科の予定進度を示され、国語、算数始め地理、歴史、理科等夫々の教室にその科目担当の先生が居て、教室の中は各学年の生徒が入り交り、しかも出たり入ったり、参観に来た母等は全く吃驚《びっくり》させられたものだ。

月初めに示された予定を理解したと思えば、科目担当の先生の前で先生の質問に答え、更に翌月分に進むことになる。テストと呼んだこの試験は、実は極めて気楽な応待に終始し、先生から「君、まだこの辺よく判ってない様だから参考書の何頁の辺をよく読んで来なさい」等と云われ、「あれ！ いけねえ！」などと引下がる。たまには、「でも先生、これは僕は本の方が間違っていると思うんだけどなあ」等と喰い下ったりして、楽しい印象しか残っていない（成城学園『成城学園六十年』）。

成城小学校で実施されたドルトン・プランでは、毎週、高学年の五・六年生の児童がそれぞれ学級担任と相談のうえ、各教科の予定進度と学習予定時間数を決め、その週の自学の時間割を作成していました。これがドルトン・プランの「契約仕事」や学習計画に相当します。

成城小学校では、やがて国語、数学、地理、歴史、理科、美術の諸教科でドルトン・プランが導入されました。児童は各教科の教室に赴き、それぞれの担当教師から自学自習のための問題や課題が与えられ、児童自らが教科書や参考書を使って調べたり、観察や実験を通じて、解答していきます。また、児童に対して自学自習の学習方法を示すために、研究書や学習手引書が与えられました。それらは、学習の手順が示され、練習問題やテストなども含まれる訓導自身が作成した自主教材でした。成城小学校におけるドルトン・プランあるいは自学自習では、児童自らが主体的に学ぶことを目標としつつ、訓導は一方的に知識を教える存在ではなく、児童一人ひとりの学習を補導するものとされました。ドルトン・プランは成城学園の自学自習や自由・個性の理念に適合していたこともあり、積極的に受容、導入されていったのです（中野光『大正自由教育の研究』黎明書房）。

しかし、以上の校長の澤柳や訓導らの掲げた理想に対して、自学自習やドルトン・プランは思惑通りに実践されたのか、以下、各教科別に考察してみましょう。

修身（道徳）の理想と現実

はじめに修身について見ていきましょう。修身とは徳育（道徳教育）に関する教科で、戦前においては天皇制を基礎とする国民教育の中心に位置づけられた最重要科目でした。

成城小学校では四年生以降に特設された修身の教育方法に注目してみましょう。

小原國芳は、成城小学校の修身科の授業において、国定教科書ではなく、世界各国の例話や偉人伝を子どもたちに聴かせる方法を採用しました。道徳や徳目の教え込みではなく、むしろその「解釈」を通じて、その内容を児童自らに思考、批判させつつ、児童の「内心に触れる修身授業」を志向していたようです（小原國芳『道徳教授革新論　小原國芳全集（7）』玉川大学出版部、岡部美香「〈生命〉探求の教育」伊藤編『作ることとの日本近代』世界思想社）。これこそ、成城小学校のめざすリベラルな授業や教育活動というべきものであったのかもしれません。

ところが実際には、小原本人の考えや価値を子どもに伝達するだけの一方通行の授業になってしまうなど、「児童の解釈を通して、批判的に思考させる修身」とは必ずしも言えなかったようです。また、目の前の児童の発達段階や学年に配慮しながら、授業を構想、実践することもあまりなかったといいます。そこには教育の理念と実践のレベルとのあいだで明らかな相違が確認されます（谷口雅子「戦前日本における教育実践史研究　私立成城小学校における実践」『福岡教育大学紀要（社会科編）』四八）。

また、訓導の松本浩記は、成城小学校と府下の尋常小学校六年生の児童を対象に、「お手本にしたい人」の名前とその理由を調査し、子どもの思想世界の実態把握にもとづいて「偉人伝」を修身科の教材として用いる必要を主張していました。ところが、実際の松本の偉人伝についての授業報告によれば、松本の授業は、一方的な知識や価値の伝達から脱しきれていなかったようです（木原成一郎『近代日本の体操科授業改革』不昧堂出版）。

理念と実践の乖離

理想と現実の乖離は修身の授業にかぎりませんでした。

歴史科の授業でも、『国史教育の根本問題』などを著し、歴史教育の中心を担った上里《かみさと》朝秀《ともひで》の授業の特色は、政治史ではなく、文化史を中心に構成するなど、当時にしては画期的な実践でした。しかし、戦国時代の英雄崇拝の意識をもつ高学年の児童に対して、赤井米吉は文化史を中心にする上里の実践の狙いを「大人の専制」ではないかと批判しています（山下徳治「上里君の歴史実地授業」『教育問題研究』三二）。この赤井発言は、もともと子どもの有する興味や関心を無視して、教師の教育的関心ばかりが優先されてしまうことを危惧したものであり、上里実践はそのような授業であった可能性もあります。

また、照井猪一郎《てるいいいちろう》の歴史の授業「飛鳥時代の住居の特徴」は、指導案（授業計画案）を見る限り、子どもに問うたり、児童自身に考えさせる問題や課題が記されているものの、実際の授業はほとんど訓導（照井）の一方的な説明に終始していたようです（山村俊夫「大正期の私立小学校に於ける歴史教育の実際」『関東教育学会紀要』六）。

仲原善忠《なかはらぜんちゅう》の歴史の授業でも、ドルトン・プランを採用した「桓武天皇と坂上田村麿」をテーマに構想されていました。ところが、これも仲原が一方的に提示した問題を児童それぞれが教科書や参考書を使って調べていくだけで、パーカーストが提唱していたドルトン・プランの目標である「学習の協同化」（教師のサポートのもと、子どもがともに調べたり考えたり話し合うこと）、ひいては学校を協同のコミュニティにする「学校の社会化」にまで展開することはなかったようです。

成城小学校のドルトン・プランにおける教材や授業では、国定教科書あるいはそれに類する参考書の内容がそのまま児童に与えられていたといいます。教材は教師と児童とを結ぶ鍵になりますが、その内容についてのじゅうぶんな分析がなされず、代わりに児童にどのように学習させるかという方法論ばかりに教師の関心が集中していきました。つまり、成城小学校では、教育方法論または技術論のドルトン・プランありきで、学習内容についての分析がじゅうぶんではなかったために、授業全体が「改造」されることがなかったのです。

そのため、ドルトン・プランを採用した理由を含めて、何のために教える／学ぶのかという大きな教育目標を問い直すきっかけが失われてしまいました。

また、自学自習の理念と実践との乖離は音楽科の授業でもみられました。当時の公立小学校では週一時限の「唱歌」に対して、成城小学校では週二時限の「音楽」が設けられていました。成城小学校は音楽専科の教員を常時複数擁し、器楽、声楽、作曲それぞれの専門家が「音楽」を担当し、唱歌のみならず、鑑賞、作曲、読譜など多様な内容の音楽教育をおこなっていました。

成城小学校は、「音楽科」の教育目標として、音楽の芸術的教養や芸術を通した人格の陶冶《とうや》を掲げていました。しかしながら、実際は、各教員によって、音楽の教育理念や方法は多様であり、なかには、徹底した系統的・計画的な楽典の知識の獲得や聴覚力、歌唱力の基礎訓練を重視するなど、教え込みや訓練中心の授業をおこなう教員もいたようです（三村真弓「大正期から昭和初期の成城小学校における音楽教育実践」『児童教育研究』九）。

学習意欲と学力の格差

いくつかの教科の授業実践で述べたように、ドルトン・プランの導入と実践には多くの課題や問題点がありました。今日のアクティブラーニングの課題にも通じる共通点があるでしょうから、以下で論じていきたいと思います。

まず第一に、すべての児童の自学自習に対する参考書や教材・教具などの教育資源が絶対的に不足していました。理科の実験のための特別教室、教科によっては担当教員を多数必要とすることから多額のコストが生じてしまう経済的な問題がありました（堀川搠「研究書による自学」『成城学園五十周年記念論文集　教育』）。

第二に、児童それぞれに対して主体的な教科選択や学習方法の自由を認めるとしながらも、実際はすべての児童に対して、その自由が認められていたわけではありませんでした。ひとつの教科やクラスに多数の児童が集中してしまうと、教育活動上、不利益になるとの理由から、訓導と相談のうえ、別のクラスに変更させることもありました（赤井米吉『成城小学校　附　成城第二中学校』成城小学校出版部）。

第三に、学力や学習意欲の格差の問題です。同一の教科や内容の学習をめざしながら、学習のペースだけを児童の自主性に任せた結果、それぞれの能力と意欲によって児童間の学習進度の差が大きく開いてしまいました。その対応として、成城小学校では超級制

（いわゆる飛び級）や降級制が導入されました。学力の高い子ども、一例を挙げれば、のちに東京大学総長になる加藤一郎《かとういちろう》（一九二二〜二〇〇八）のように、成城小学校のドルトン・プランでは自分の得意な科目は学年を超えてどんどん先に進めるとともに、学年までも「跳ぶ」こと（跳び級・飛び級）ができました（加藤一郎「成城学園の教育と跳び級」文部省『文部時報』一一四五）。

ところが、学習意欲の低い者にとっては、学習活動そのものの停滞を招きました。一九二七年に併設された成城高等女学校では、開校当初からドルトン・プランによる自学自習が採用されていました。ところが、生徒の実態はといえば「努力家は相当に効果をあげ得たが、怠け者は救済の道がなかった」し、「遅れても一向平気で」、教師が発破をかけても「空念仏」だったようです。その結果、卒業間近の女学校五年生になっても三年生の課程さえ終わっていない生徒もいたといいます。学校側としては、将来の結婚のことなどを考えると、原級留置（留年）も退学もさせられずに、結局、「怠け者」を卒業させたようです（成城学園前掲書）。

児童や生徒の資質または保護者の教育関心から見ると、当時はもっとも恵まれた学校のひとつであったはずの成城学園でさえ、〈アクティブラーニング〉としての自学自習の導入と実践にあたり、児童・生徒の意欲の問題や学力の格差は如何ともしがたい重大な課題だったのです。

教師の負担と児童の学習姿勢の問題

児童や生徒ばかりではありません。教員にかかる負担や手間もしだいに過重になりました。

教師は、学習手引書の作成や編纂、各児童の教科選択や時間割作成、教室配当、学習組織の自由さゆえの学習進度や学力の差などを考慮しなければなりませんでした。また、担任教師が児童それぞれの学習状況を把握する困難も明らかになりました。他方、各教科担当の教師は、児童に与える自学自習のための問題や教材作成に関心が集中してしまい、それ以外の教育に関する事柄についてはしだいに等閑《なおざり》になってしまいました（谷口前掲）。

ドルトン・プランが導入された当初の一九二三年当時、成城小学校の各クラスの平均児童数は二五・〇名でした。一九二九年には、これが三二・二名にまで増大しています。これは教員数に比して、児童数の増加が背景にありました。一九二三年当時は五・六年生四学級一〇〇名に対し、わずか六年後の二九年には五学級一六一名にまで増えています（赤井前掲書、小原前掲書）。

ひとりの担任教師が平均三二名の児童それぞれの学習状況を把握し、学習計画の相談や学習指導に応じるというのは膨大な業務になったことでしょう。

それ以外にも、ドルトン・プランのもとで、自学自習をおこなう児童の学習姿勢に数々の問題が生じました。自ら主体的に学ぶはずの児童は、教師が作成した学習手引書や参考書、学習指導案に学習方法を大きく依存し、与えられた問題や課題を解決してしまうと、それ以上の知の探求や発展学習への意欲を喪失してしまったようです。つまり、児童にとっては、訓導から与えられる学習課題に応えることだけが自己目的化してしまったのです。

また、訓導より与えられた問題や課題にいち早く解答しようとするあまり、ときには授業が過度な競争の場になってしまうなど、良好な学習態度が損なわれてしまうこともありました。そのため、児童の学習態度に対して、重ねて指導が求められるなど、成城小学校におけるドルトン・プランの導入や実践は、児童の学習姿勢の面で、さまざまな問題点や課題が指摘されていました（成城小学校編『ダルトン案の主張と適用』文化書房）。

ドルトン・プランの中止

成城学園のドルトン・プランはさまざまな課題を残したまま一九三三（昭和八）年に中止されることになりました。

それ以前の一九二八年四月には、小学校における自学自習の方法や学級編成が大幅に変更され、ほぼ同時期に学力別の学級編成が導入されました。小学校高学年の五年生以上になると、学習にハンディを抱える児童（外国人児童・帰国児童・病弱児童・欠席児童・中途編入児童・学習遅滞児など）を集めた「特別組」がつくられ、彼らに対しては基礎学力の育成に重点を置くとともに、それ以外の児童に対してはドルトン・プランによる自学自習を継続していくことにしました（成城学園前掲書）。それは学年の進行とともに、児童の学力格差が拡大し、基礎学力なくしてはドルトン・プランや自学自習が成立しないことを、教員が経験上認識するようになったからでした。そして、学力別あるいは習熟度別の学級編成を通じて、各人の能力に応じて学習方法を変えることで、問題の改善を図ろうとしたのです。

そのほかにもドルトン・プランの問題点を、クラスのなかの「つながり」の欠如から述懐する当時の児童もいました。一九二五〜二八年当時の成城小学校でドルトン・プランを経験した社会学者の鶴見《つるみ》和子《かずこ》（一九一八〜二〇〇六）は「ダルトン（ママ）・プランだから一緒にやることがなくて、自分は今理科をやるから野外観察、今は図画をやるから……そうするとクラスが無いんですよ。〔中略〕つながりというのがほとんどなくなっちゃうわね。〔中略〕ダルトン・プランになってから、子どもに子どもが出来る以上の自主性を要求しちゃったから、何が何だか子どもがしていることがわからなくなっちゃったの」（鶴見和子『暮らしの流儀』はる書房）と述べています。

成城小学校の自学自習やドルトン・プランの試みやその中断の経緯を通じて、現代に生きる私たちはアクティブラーニングの実施に向けて、児童・生徒と教員の側の両方から教育上の課題について考える必要があります。

3　奈良女子高等師範学校附属小学校の学習法

理想化される実践

もう一校の〈アクティブラーニング〉の実践については、奈良女子高等師範学校附属小学校のいわゆる「奈良の学習法」に注目してみたいと思います。同校は官立（国立）の小学校で一九一一（明治四四）年の創設、現在の奈良女子大学附属小学校です。戦前は奈良女子高等師範学校の生徒、戦後は奈良女子大学の学生の教育実習先であるとともに、小学校教育の実践的な研究を目的に開校されました。

開校当初より同校は「児童を発動的に自ら学ばせ、かつ個性や能力に適応するよう分団式（グループ別—引用者註）に教育」し、「自発的学習へと開花する素地として築かれた」と言われています（奈良女子大学文学部附属小学校『わが校八十年の歩み』、傍点引用者）。在籍する児童については、開校当初は限られた地域に通学区を制限していたこともあり、家庭環境も児童の学力もさまざまでしたが、一九二一年以降は、学区外からも児童の募集をおこなった結果、いわゆる知識階級、すなわち新中間層出身の児童が多数を占めるようになりました。

その奈良女高師附属小学校の名前を全国に知らしめたのは「奈良の学習法」と呼ばれる実践です。

それは一九一九年に同校に着任し、その後二〇年以上にわたって主事を務めた木下《きのした》竹次《たけじ》（一八七二〜一九四六）による授業改革として、同校で実践されたものです。木下は、福井県尋常師範学校（現在の福井大学教育学部の前身）、高等師範学校（現在の筑波大学の前身・母体）を卒業し、各地の師範学校の教諭や校長を務めた後に、奈良女子高等師範学校教授兼同附属小学校主事として着任します。木下は、教育や授業の理論、実践の両面に通じているうえに、管理職として学校経営の経験を有する主事でした。

当時の「奈良の学習法」は今日においても非常に高い評価を受けています。大正時代から、子どもの学ぶ力、考える力、生活を切り拓く力を学力の中核にし、資質・能力を基盤にした教育のあり方を精緻に理論化し、着実に実践してきたという見方があるからです。それは、総合学習の原点であるとともに（田中耕治編著『「総合学習」の可能性を問う』ミネルヴァ書房）、日本におけるアクティブラーニングにも通じる「教育の真実」と見る評価もあります（奈須正裕『「資質・能力」と学びのメカニズム』東洋館出版社）。

奈良の学習法

奈良の学習法は何よりも児童の生活を重視します。その生活は家庭環境から連続し、家庭のなかで育つように、学校環境を整備することによって、子どもたちは学校や学級で自由に生活し、自ら主体的に学ぶ「自律的学習」が可能になると考えられました。

木下は自律的学習の要件として、発動的、創作的、努力的、歓喜的の四点を挙げています。つまり子どもが自発的・能動的、かつ創造的に、努力を積み重ねていくことで、学ぶこと自体が歓喜（喜び）になるというのです。そのための学習の原理として、成城小学校のドルトン・プランと同様に、自由と協同が求められます。対する明治以来の学校教育の画一的かつ教師主導の教育方法、教科分断的な教育内容は、子どもの生活や学習には不自然で、自律的学習を妨げるものとして退けられます。

自律的学習の実現には、子どもの生活や環境にあわせて、いくつか関連する目標や内容をあわせて構成された合科学習が推し進められました。その合科の程度は、小学校低学年では大合科学習、中学年では中合科学習、高学年では小合科学習と、学年の進度にあわせて細かく分類されていきます。たとえば、一九二七（昭和二）年当時の「中合科学習」は、児童の言葉では「お調、お話、お遊戯、お仕事」、すなわち「研究、談話、遊戯及作業の四つ」を指しています。「研究」は「読書、綴文、描画、計算、工夫、考案等の作用」が含まれ、「修身国語理科算術地理歴史等」の教科が関係しています。「談話」はそれぞれの経験や研究について批評や質問も含めて話し合うことを指し、「修身国語算術国史地理理科等」の要素が含まれます。「遊戯」は「運動競技自由遊戯律動遊戯唱歌劇等」を通じた研究や作業と密接に関連しています。そして「作業」は「図画手工家事裁縫等」が含まれ、他の研究、談話、遊戯と密接に関連していると述べられています（木下「合科主義の学習法汎論」『学習研究』六七）。各学年にあわせた合科学習をおこなうために、木下は教科によって時間と内容を区切った分科的、画一的な時間割さえ廃止しようとします。

また、その学習や授業は、独自学習―相互学習―独自学習という順序で展開されました。「独自学習」とは児童各自が単独でおこなうもので、自身の課題や疑問を解明する時間です。そのために、毎日一時限目と二時限目が独自学習の時間「特設学習時間」として設けられました。独自学習につづく「相互学習」の時限では、各自の独自学習の成果を持ち寄り、グループ学習や学級全体の学級相互学習を通じて、意見の交換や討論をおこなう協働的または対話的な方法がとられました。さらに「独自学習」に戻って、教師や友人たちの意見や考えをもとに、再度自身の疑問と解明の経過を総合的にまとめて、自身の学びを深めます（木下『学習原論』目黒書店、西岡加名恵「『奈良の学習法』の登場」田中編著前掲書所収）。

「奈良の学習法」のめざした教育は、主体的・対話的であり、現代のアクティブラーニングに通じる内容だったと言えましょう。

木下の「指導」

計画や構想に対して、教室の実践はどうだったのでしょうか。

訓導たちは、それぞれ師範学校の出身で、じゅうぶんな訓練を受けてきました。主事の木下は各訓導に対して、学級経営についてはその経営案を、学習指導については「予定」（事前計画）を事前に提出させました。そしてその後、授業などの教育活動を経て「功程」（事後反省）として、計画と実際・実践とのズレを記述、提出させました。「予定」と「功程」からなるすべての「要項」は木下の検閲《チェック》を受けることになっていました。木下は「学習法」の実現のために、職員会議や研究授業を通じて、折に触れて、訓導たちを指導、ときには叱咤し、必要があれば改善を求めました（西岡前掲）。

奈良の学習法や木下は訓導の実践に対して何を求めていたのでしょうか。そこから、当時の同校の実践上の課題が浮き彫りになるでしょう。

まず、「独自学習」のための特設学習時間について、木下は「学習上不必要の話をなす者が多い。注意すること」（大正一五年五月二一日）、「姿勢のよくない者が多い。座している時、腰かけている時は、腹を前に出しても害がないのであるから、腹を出すように注意を与えること」（大正一五年一〇月八日）、「特設学習時間に、相互の談話が多すぎる。〔中略〕此の際、生徒相互に話合うことをやめさせたい」（昭和二年一月一四日）と、授業中の児童の態度や私語（おしゃべり）を問題にしており、それを注意するように訓導たちを指導しています。

また、木下は訓導の授業方法に対しても「全体を見まわして居ると、中にはノートの検閲ばかりの学級もある」と注意しています。これに対して、訓導のひとり（秋田喜三郎）が「下学年ではノートの指導――形に表したものの方が指導しやすい」と発言すると、木下は「しやすいから、それにつくのでは困る。ある少数者のために他児を犠牲にしては困る」（昭和二年七月一日）と重ねて注意をしています。

「相互学習」についても、大正一二年九月七日には、「独自学習の不足を見受ける。〔中略〕地理歴史などは、中心になるべき研究問題の研究を主とすること、報告的相互学習を主とするは宜しくない。反覆練習、復演の如きは（独自学習の―引用者註）問題研究中に自ら行わるべきものである」と指摘しています。ここから、児童の独自学習が不十分であるために、相互学習の時間は児童が調べた内容をただ読み上げるだけの報告中心の形式的な学習活動になっていた可能性がうかがえます。そのために、木下は訓導に対して、問題やテーマをめぐって、児童相互の質疑や討論によって、活性化させるように指導しています（長岡文雄『学習法の源流』黎明書房。なお、読みやすさを考慮し、一部表記を改めた）。

児童たちの授業中の学びに向かう姿勢や訓導たちの授業、さらには学校行事のあり方についても、同校には決して少なくない課題がありました。木下はさまざまな課題や指導上の問題点を訓導に指摘、指導していきます。

つまり、奈良の学習法の実現のためには、訓導に対する木下の「指導」が不可欠であったことを物語っています。

もちろん一方的な指導ばかりではなく、木下自身が訓導に意見を求めて、それをもとに改善や判断をする柔軟な姿勢も見られます。ただ、訓導に対する指導や学校経営についての最終的な判断は多く木下に委ねられました。同校は二十余年の長期にわたって、授業実践にも通じた木下のリーダーシップのもとで、運営されたのです。

「底が見えそうな」実践

しかし、訓導のなかには、「奈良の学習法」に公然と反旗を翻した者もいました。池田《いけだ》小菊《こぎく》（一八九二〜一九六七）という女性訓導です。池田は和歌山県師範学校女子部（現在の和歌山大学教育学部の前身）を卒業後、県内の公立小学校に勤務します。一九二一（大正一〇）年一月に、木下の誘いを受けて、奈良女高師附属小学校の訓導として着任しました。なお、池田は小説家としても著名で、奈良では志賀直哉に師事し『帰る日』や『奈良』などの代表作があります。

池田が着任した一九二一年は奈良の「合科学習」が本格的に開始された年です。池田は一年生の担任を命じられ、合科のことも何もわからぬまま教室に行くと、時間割には合科学習を意味する「合」の文字ばかりが並んでいたといいます。池田は日本ではじめての本格的な合科学習の実践に関わることになりました。

池田は、同校在職中または退職後に、同校の雑誌『学習研究』の論文や自身の著作において、奈良の学習法、とりわけ合科学習のあり方を厳しく批判しています（中野光「合科学習の遺産の再評価」日本教育方法学会編『学校文化の創造と教育技術の課題』明治図書）。退職後の一九二九年一〇月に刊行された『父母としての教室生活』は特に手厳しい内容になっています。

その批判は池田個人の見方や考え方に過ぎないかもしれません。

しかし、池田は、当初から奈良の学習法に批判的だったわけではありません。着任一年後に木下に提出した「一ヶ年教育の結果報告」において、池田は、児童が題材の学習について、自ら目的を定め、計画を立てるようになったこと、自己表現がはっきりしていたこと、学習に真剣になったことの三点を挙げて、高く評価していました（松本博史「池田こぎくの『特別学級』（二）」『教育諸学研究』第二五巻）。

ところが、しだいに不満や批判に変わっていくのです。その内容や背景を探りつつ、〈アクティブラーニング〉ともいうべき「奈良の学習法」の課題や問題について、検討したいと思います。

まず第一に、「奈良の学習法」がしだいに定型化していったことへの批判です。児童自らの主体的または活動的な学びをめざしていたとはいえ、それがしだいに形式に陥り、学習過程の定式化と発表形式の形骸化の結果、「底が見えそうな」浅い実践になってしまったと言います。曰く、

奈良の教育を見学された人は、誰も気づいていることとだろうと思うが、どんな授業中にも、決ったように、出てくるのは「私はこれを絵にかきました」と言う子供である。そして用意の小黒板を持ち出して、自分の描いた絵について説明すると言う段取

になることである。そうして、同じようなことが二人三人続けられた時、今度は「私はそれを歌につくり、作曲しました」と言う子供が飛んで出ることである（池田『父母としての教室生活』厚生閣書店。なお、読みやすさに配慮して現代仮名づかいに改めた）。

奈良の学習法は、学習の順序や合科の組み立て方など、多くは木下の構想や計画を中心に進められることになりました。ところが、それは教師の定める目的に向かって計画的・構成的に子どもを到達させようとする「型」として池田には映りました。池田にとって、教師の仕事には方法上決まった「型」などはなく、子どもたちの心理的な動きに直面し、それに柔軟に対応しながら実践を生み出すことでした。

「自由」と「指導」のジレンマ

第二に、池田は、相互学習における児童相互の討議が意見の交換ではなく、相手を言い負かそうとする「勝負の場」になっていたことを非難しています。相互学習では、議論の活性化どころか「討議中に、変な風に逆上《のぼ》せてくる子供」や「常に優越権をにぎりしめている子供」がいる一方で「何にも言わずにだまり込んでいる子供」もいました。池田は、児童の征服欲や名誉欲を刺激する原因を、型にはまった教科書の内容や、相互学習を特定の型に当てはめようとする奈良の学習法それ自体にあると批判しています（池田「人間への奉仕と相互学習」『学習研究』四三）。

第三に、教師が児童を「指導しないこと」への懸念を挙げています。奈良の学習法の原理が自由と協同にあったことは先に述べた通りです。しかし、児童に対して教材選択の自由を認め、児童本人に学習の主導権を委ねた「自由を尊ぶ教育」なるものが往々にして、音読の声、ハーモニカ、鈴の音、話し声、足の音、鉛筆を削る音など、教室が無秩序な喧騒に陥っていたといいます。それにもかかわらず、訓導たちは「時間中彼方へうろり此方へうろりするだけで、どれに一つ身を入れて指導する様子が見えない」と池田は不満を述べています。池田によれば、本来、訓導は児童の年齢相応の基礎学力や教材選択の指導をじゅうぶんにおこなったうえで、「静粛の中で、真面目に、子供の子供らしい仕事を楽しませたい」（池田前掲書）と希望を語っています。

ところが、訓導の多くは「児童の自由」と「教師の指導」とのあいだでジレンマに陥っていました。子どもの自由を認める原理を優先させれば、訓導は積極的な指導や教え込みを後退させざるをえなくなります。その結果、漢字を書くのにも、旁《つくり》を書いてから偏《へん》を書く児童がいるなど、文章を書く以前の基礎学力の不足を池田は問題にしていたのです。

ここでおさえておきたいのは、池田が知識の詰め込み教育を重視する系統主義の支持者ではなかったということです。むしろ池田は従来の学校教育に見られた画一教育を罵倒し、教科書中心の教育に反対するなど、系統主義教育を批判していました。その論文が木下の目にとまり、池田は奈良女高師附属小学校の訓導として勧誘されたのです。

しかし、特定の型にはまった学習法の教室では、雑多な道具を使っただけの子どもの学習が雑然と喧騒のなかで進められ、そこに子どもたちが学習する姿を見ることはできないというのです。また、訓導たちも適切に指導することができずに、ただ時間だけが無為に過ぎていることが池田の不満となって蓄積されていきました（杉本真由美「奈良女子高等師範学校附属小学校における合科学習」『教育研究』五四）。

それとあわせて、主事の木下に対する不満も増大していきます。「私の木下氏に対する不満は、それ程の氏の仕事が、何故ああ雑薄なものになって終ったのか。彼の仕事からどうして底光りのする生命が生れて来なかったのか」（池田前掲書）。奈良の学習法は池田にとって「事実に遠い架空論として無視するより道がない」ものとして非難の対象になっていきます。そこには、意見の相違をめぐって、池田自身が木下より注意や叱責を受けることが多くなったことも背景にあるのかもしれません。

池田のような立場は、当時の奈良女高師附属小学校では少数意見、むしろ孤立した見解になっていきました。一九二八年三月、池田は附属小学校からも教職そのものからも身を引きました。

奈良の学習法は木下の理念や構想、指導によって大きく花開いた側面が多分にありました。その功績は現在の奈良女子大学附属小学校の実践にも引き継がれている部分もあります。しかし、訓導の資質や能力が高く、先進的な〈アクティブラーニング〉を試みようとしてきた奈良女高師附属小学校でさえ、直面していた実践上の問題や課題がさまざまにあったこと、池田のような見方や考えをもった訓導が存在していたことは当時の奈良の学習法を知るうえで留めておく必要があるでしょう。

4　戦時教育体制への継承と挫折

大正新教育運動の遺産

近代の新教育は「大正新教育」だけでは終わりません。

年号が「昭和」に変わったころから、日本は一九四五年の敗戦に至るまで、ひたすら軍国主義の道を突き進んでいきました。対米英戦争の勝利に向けて、国民一丸となる戦時総力戦体制のもと、それに自発的に参加、奉仕する国民精神が求められました。

学校教育も戦時体制に向けて再編され、その中心的な役割を担うことになります。一九四一年に、私立をのぞく、全国の小学校は「国民学校」と名称を変え、児童も年少の国民を意味する「少国民」と呼ばれるようになりました。つまり、教育の目的は少国民を鍛え上げる「錬成」となり、少国民を「皇国ノ道ニ帰一セシメ」る（統合させる）教育または「皇国ノ道ヲ修練セシメ」る教育がめざされることになりました。それは天皇の国の国家道徳に向けて鍛えあげて、すべての国民を戦時総力戦体制に向けて強力に統合させる教育です。

子どもの自由や個性を最大限に尊重し、教師の権力による一方的な教え込みを排した大正新教育は、戦時体制下の国民学校の錬成主義の教育とは正反対のように映ります。大正新教育運動はリベラルな教育理念や実践であったために、昭和戦時期の軍国主義や国家主義体制のもとで、抑圧、弾圧された――このような歴史像が戦後の教育学を中心につくられていきました。

たしかに抑圧や弾圧も見られましたが、他方で、大正新教育運動と戦時体制下の学校教育との関連を見ていくと、初等教育を中心に、合科教育や労作教育など、大正新教育の実践・成果がかなりの程度で時局に都合よく取り込まれていきました。

日本教育史研究者の前田一男さんは、大正新教育と戦時教育体制との連続性を以下のようにとらえています。

この動向（戦時下の教育の思潮動向―引用者註）には、一九一〇年代以降、師範学校附属小学校や私立小学校を舞台にして展開されてきた児童の個性や自発性を尊重しようとする自由主義的な教育実践からの継承があり、それに加えて、一九三〇年代半ば以降に強調されてくる国体や日本精神に基づく国家主義的な教育実践の台頭があった。しかし、それゆえに自由主義的な教育実践から国家主義的な教育実践へと移行していったと解釈するのは単純にすぎる図式であるといわなければならない。むしろそのふたつの教育思潮のはざまにあって、両者を混在させつつ、しかも都市教育としての固有の問題を意識しながら、多様な展開を見せていたのが、「非常時」下の横浜の教育界の実際であった（前田「教育」横浜市総務局市史編集室編『横浜市史Ⅱ第一巻上』）。

断絶あるいは対立しているととらえられてきた、大正新教育と戦時下教育の理念や実践が矛盾することなく、部分的であれ連続的であったとすれば、その条件は何だったのでしょうか。

大正新教育運動の遺産を継承し、戦時下の教育審議会や国民学校などで展開された新教

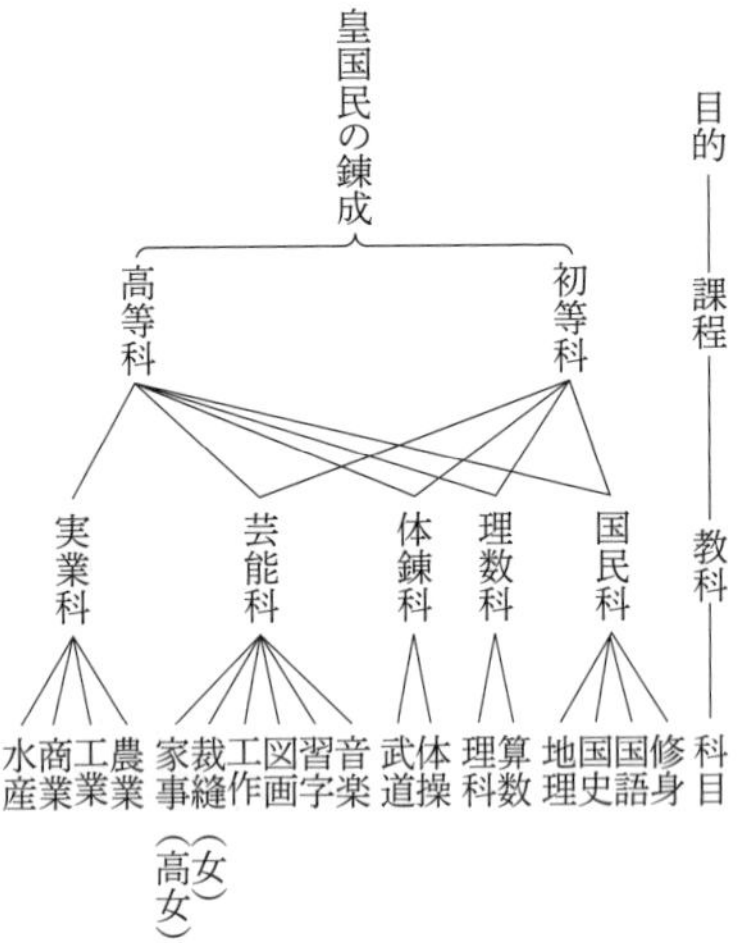

出典　文部省（1972）『学制百年史』575頁

〔図表2－3〕国民学校の教科の構成

育の理念や実践を指して、ここでは「戦時下新教育」と呼び、大正新教育との連続性を意識しつつ、戦時下新教育における〈アクティブラーニング〉について検討したいと思います。

小学校から国民学校に名称は変わりましたが、それのみならず、カリキュラムの体系も教育内容も大幅に変わりました。少国民に必要な五つの資質にもとづいて、それまでの一八科目が五つの教科に再編・統合され、合科カリキュラム（合科教育）が実施されることになりました〔図表2－3〕。

また、教育内容や方法の面でも、理科における実験や観察、工作などものづくり体験の重視、「音楽」の新設と音感教育、国語における話し方や聴き方の重視、修身における生活題材の活用など、それぞれの教科や科目においても大正新教育の遺産を継承していったのです（前田「国民学校」『現代教育史事典』東京書籍）。

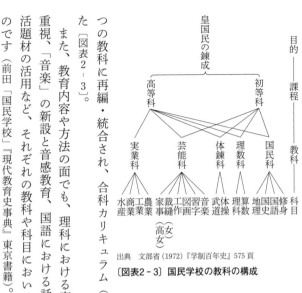

以下、教科や科目別に「大正新教育の遺産」の継承について見ていきましょう。

奈良の「合科」から国民学校「綜合」へ

先に紹介した奈良女高師附属小学校の奈良の学習法や合科学習は、当局より「自由教育」という危険な思想や実践とみなされ、しばしば制限や抑圧の対象になりました。

ところが、一九三七年一二月に近衛内閣のもとで発足した教育審議会では、戦時体制における学制改革と教学刷新に向けて、大正期以降の教師たちによる自主的な学校教育改革の成果を参考にすべきことが提言されました。国民として心身一体の統一的人格の育成をめざすうえで、従来の学校教育の主知的な性格、つまり知識の一方的な注入とその習得ばかりをめざす教育の刷新が求められ、そのなかで、大正新教育や新学校の理念や実践、とりわけ「奈良の学習法」の合科学習や生活学習は当局の関心を集めました。

国民学校における皇国の道に向けて、教科と知識の統合を図るなかで、木下の生活即教育の理念は、教育審議会の答申において「教育ト生活トノ分離ヲ避ケ国民生活ニ即セシムルヲ以テ旨トシ」（傍点引用者）として高い評価を得ることになり、国民学校初等科の低学年で「綜合」（綜合教授ともいわれた）として採用されます。しかし、「綜合」という単独の教科が誕生したわけではなく、他の教科との目標や内容面での関係や関連を強調することで、科目の合科や総（綜）合化を図ろうとしたのです。
ただし、奈良の合科学習と国民学校の綜合教授とは必ずしも同一ではありませんでした。「綜合」は、敵国・米英両国の思想とされた自由主義の理念を注意深く取り除き、時局にとって都合のよい理念や実践のみが選別、骨抜きにされたうえで、皇国民精神と自発的な奉仕の精神育成の方法として、実施されることになったのです。

　それでも、木下は「綜合はよい」と賛辞を送ったとされています（長岡前掲書）。これは奈良の学習法が「綜合」として国のお墨つきを得られたことに対する木下の積極的な評価として見るべきでしょう。戦時期が近づくと、木下は皇国民教育体制を評価し、「合科学習の目的は一般の教育目的と同様であって、ありの儘の日本人をあるべき日本人とすることを終局の目標としている。――換言すれば合科教育を為すものは常に御勅語を体験することを念として活動すれば宜しいのである」（合科教育集大成・昭和一四年、久保義三「国民学校下の自由教育の変質過程」菅・海老原編『日本教育運動史3』三一書房、傍点引用者）と述べています。また、木下は学級を日本精神や敬神崇祖の精神に立脚した「理想的な協同社会」として、児童や生徒が進んで服従する全体主義的な学級経営を求めるようになりました（木下『学級経営学』成美堂書店）。その思想は戦時下の国家体制と矛盾することなく、むしろそれを下支えするような内容でした。

大正新教育の遺産は、合科から綜合という教育課程の枠組みのみならず、それぞれの教科に対してもさまざまな影響を与え、国民学校をはじめ「戦時下新教育」のなかに取り込まれていくことになるのです。

国民科修身――「好きな愉快な授業」

戦前の修身といえば、天皇制と教育勅語にもとづく徳育の科目として、もっとも重視されました。国民科は国民学校の筆頭科目として「我ガ国ノ道徳、言語、歴史、国土国勢等ニ付テ習得セシメ特ニ国体ノ精華ヲ明ニシテ国民精神ヲ涵養シ皇国ノ使命ヲ自覚セシムルヲ以テ要旨」（国民学校令施行規則）とすることになりました。つまり、国民精神、皇国の使命の自覚が促される一方、同施行規則において、児童の心身の発達に留意し、それぞれの児童の特性や個性に対する配慮や児童の興味を喚起して、自修（自ら学問を修めること）の習慣を養うべきことも謳われました。

国民科修身では、従来の徳目の教え込みから、新しい変化が見られるようになりました。

奈良県師範学校（現在の奈良教育大学の前身）で学ぶ訓導志望の男子生徒は、一九四二（昭和一七）年九月下旬から一一月初旬にかけて、同附属国民学校（現在の奈良教育大学附属小学校）で教育実習をおこないました。

その実習初日に、教生（教育実習生）の彼は、教育実習を指導担当する訓導より、「皆の名前をおぼえる事」「大体の学力を知ること」「各々の者の性質、個性を把握する事」「身体の状態を顔色等に依つて知る事」の四点によって、はじめて授業ができることを教えられます。彼の日誌には「個性観察」の項目があり、ほぼ毎日、一人または数名の児童を取り上げて、それぞれの児童の氏名、性格、体格、学力、親の職業などの家庭事情が記されています。彼はクラスの児童の「個性」を把握しようとしていたのです。それのみならず、理科の実験をするときには教師が結果や結論を先に言わずに、どうなるかを予想させるなど発問の仕方にも工夫する一方、一方的な教え込み中心の授業をおこなう訓導を批判しています。個性主義、活動主義、そして教師による一斉主義の授業の否定といった新教育の要素が戦時下の教育体制のみならず、現場の教師、さらにはその卵である教生の意識にも、採り入れられていくのです。

教育実習の指導を担当した訓導は、別の教生の修身の授業（六年生対象の「仁愛」）を批評するなかで、以下のように指導しました。

今までの修身といへば、又修身かとみんないやに思つた時間で、それだけに先生の方も此の時間には説法が多かつた。併《しか》し国民学校に於ては修身は説法でなくして色々立派な人の話をしてやつてさうして児童が自然と自分もあゝいふ様にしようと思ふやうに仕向けねばならない。だからして立派な人のお話をして之を愉快に児童に聞かすのであるから修身の授業は決していやでなくて好きな愉快な時間であるやうに仕向けるのだ。

又躾《しつけ》も修身に於ては相当必要であつて何も体操だけが躾をやかましく言はれるのではない。各教科すべて皇国民錬成といふ目的の下に行はれてをるのであつてなぜ天皇陛下の為に一死を捧げねばならぬかといふ様なむづかしい事はよく知らなくても自然と大君（天皇―引用者註）の為に死す人間をつくるのが国民学校の問題であつて、議論なくして実行させるのが躾である（第十二学級教生『昭和十七年度　第二期　教生日誌』奈良県立図書情報館所蔵、傍点引用者）。

個々の児童の個性を把握するように説く附属国民学校の実習指導担当の訓導、そして児童の興味や愉快だと思う気持ちを大切にした授業は、大正新教育運動の遺産を継承するものでしょう。偉人伝を児童に聴かせる修身といえば、先の成城小学校における授業を想起させます。

そればかりではありません。後半部分をよく読むと、この訓導は、児童には深く物事を考えさせることなく、ただ「好きな愉快な」授業を通じて「むづかしい事はよく知らな」いまま、「自然と大君の為に死す人間」に向けた修身教育をすべきだと、指導しています。

「好きな愉快な」授業は、児童の眼前から戦時体制の矛盾や問題点を隠蔽させ、逸らしてしまう効果があった可能性もあります。国民学校における戦時下新教育の実践においては、少国民を鍛錬するのみならず、ときには物語を聞かせて愉快で楽しませるアメとムチの両方で、子どもたちを思考停止または判断留保にさせて、ひたすら国家のため、天皇のために行動させることに主眼を置いていたことがわかります。つまり「好きな愉快な」授業は、表層的な学びであるばかりか、批判的な深い思考を停止させてしまう可能性があったといえます。その効果を狙って、訓導は教生に「好きな愉快な」授業をおこなうように指導したのでしょうか。それがねらいだとすれば、とても恐ろしいことです。

理数科理科――実験・観察、工作（ものづくり）の重視

国民学校理数科は理科と算数の合科です。その理数科は「通常ノ事物現象ヲ正確ニ考察シ処理スルノ能ヲ得シメ之ヲ生活上ノ実践ニ導キ合理創造ノ精神ヲ涵養シ国運ノ発展ニ貢献スルノ素地ニ培フ」ことを教育の目標にしました。「事物現象ヲ正確ニ考察シ処理ス

ル」とは自然の物事や現象を見ること（観察）、考えること（思考）、扱うこと（処理）にありました（文部省『自然の観察　一　教師用』、傍点引用者）。

低学年次の理科における自然の観察では、指導方針として①自然に親しませ、自然のなかで遊ばせつつ、自然に対する眼を開かせ、考察の初歩を指導する②植物の栽培、動物の飼育をさせ、生物愛育の念を養うとともに、観察・処理の初歩を指導する③玩具を製作させ、工夫考案の態度を養い、技能の修練をすることの三点にありました。

文部省より刊行された教師用手引書『自然の観察　一』には、全一八課が提示され、教室内のみならず、校庭にある動植物の観察、虫取りやシャボン玉遊びなど、そのいずれもが生活を通じた体験や活動、または屋外の遊びを重視した内容でした（三石初雄「国民学校理数科教育の検討（1）」『福島大学教育学部論集』三七）。

四年次生以降の初等科理科でも、低学年次の理科と同様に、教師による一方的な説明や児童の知識を頼りにした授業ではなく、実験や工作を通じて、子ども自らが手を動かし、試行錯誤を通じて、科学的精神を習得することが目標とされました。なかでも、『初等科理科三』（四～六年生用）の国定教科書に掲載された単元「海と船」の「卵潜水艦」の工作は当時の多くの児童にとって強く印象に残る内容でした。それは卵の中身を取り出して、殻のなかに一定量の水を入れて、水温を変えることで、その浮き沈みを実験する内容でした（竹田清夫『少国民時代と生活の教育』文芸社）。

「卵潜水艦」は軍事教材として開発された内容であることから、これもまた軍国主義的な少国民の教育に通じています。理科の教育方法も、一斉主義や画一主義的な教育方法、教師による一方的な知識の伝達が否定されました。その代わりに、教師は子どもが自ら興味や関心をもって、主体的に課題に取り組めるように、観察、実験、製作などの活動を取り入れ、それぞれの内容や単元を工夫することが期待されたのです。

芸能科音楽——音感教育

国民学校の発足にともない、従来の「唱歌」は「音楽」になり、芸能科の一科目に置かれるようになりました。長らく日本の音楽教育は「唱歌」のみでしたが、その時代にも、歌唱のみならず、鑑賞、器楽、作曲、基礎指導などの先駆的な音楽活動を採り入れた学校や教師もいました。しかし、それは限られたごく一部で、そのうちのひとつが先に紹介した成城小学校の音楽教育でした。

国民学校の芸能科音楽の内容を見ていくと、成城小学校のような先駆的な音楽教育の影響は明らかでしょう。芸能科音楽では、国定教科書がはじめて作成、刊行されたほか、従来のように唱歌のみならず、鑑賞や器楽などが導入されました。

そのうち鑑賞は音感教育の一環として「聴音の練習」を含んでいました。それは「鋭敏ナル聴覚ノ育成」を目的としたものであり、敵機の音を判別するための国防または軍事訓練の手段として構想されました。

国民学校で導入された音感教育（聴音訓練）の一例を挙げてみましょう。

一九四三（昭和一八）年一二月より横浜市西前国民学校（現在の横浜市立西前小学校）の様子を撮影した軍人援護教育映画『戦ふ少国民』では、男性教師が敵の飛行機の飛来音をレコードで流し、児童がそれを瞬時に判別し、名称をつぎつぎに回答していくシーンがあります。軍人援護教育では学校のあらゆる教育活動が軍人遺族や出征軍人家族、傷痍軍人に対する救護活動のために組み立てられました。『戦ふ少国民』のような映画を通じて、同校の教育活動を模範として他校に普及させる一方、少国民の戦意発揚を目的とした内容も含まれていました。

男性教師「この音は何だ。下田」
男子児童「はい、■■■■B四〇であります」（■は聞き取り不能箇所）
男性教師「遠山」
男子児童「はい、ボーイングB一七であります」

男性教師「そうだ、われわれは憎い憎い敵の一機でも寄せ付けてはいけない。いや、たたき落とすのだ。国民全部が防空監視人。それにはみんなよい目とよい耳とをもたなくてはいけない」（前田一男「西前国民学校軍人援護教育映画『戦ふ少国民』について」横浜市史編集室編『市史研究　よこはま』三）。

少国民（男児のみ）たちは、ノイズ雑じりのレコードを通して、経験的に敵機の飛来音を習得し、そのわずかな音の違いを直感的に聞き分けることが求められました。児童の芸術性を高めようとした大正新教育や新学校の「鑑賞」が、戦時下新教育における国民学校のもとでは正確な音の感知、つまり、わずかな音の違いの峻別をめざす音感教育にすり替わっていったことを示しています。

主体性や自発性の要請

戦中期にはいると、国家（上）からの国家主義や軍国主義に対して、国民（下）からの「自発性の調達」論もまた京都学派の高坂正顕《こうさかまさあき》（一九〇〇～一九六九）などを中心に主張され、総動員体制を支える理論のひとつとなりました（高坂他『世界史的立場と日本』中央公論社）。戦時体制の発展や拡大にともなって、軍事産業の重工業化による企業や軍の立場から、労働力の質的向上が要請され、国家に対する少国民の主体性や自発性の調達と動員が、反体制の思想や行動に発展しないかぎり、積極的に求められるようになりました（菅忠道・海老原治善「戦時体制下の教育運動」同編『日本教育運動史3』三一書房）。

教育審議会の答申「国民学校ニ関スル要綱」（一九三八年一二月）において、注入主義の教育を排し、「常に自ら進んで学習せんとする強き興味と習慣を養うこと」が謳われています。子どもたち少国民の学習や勤労奉仕などの場面において、積極的な主体性や自発性が要請されました。自ら進んで学ぶ、働く姿勢を奨励する理念として、大正新教育運動で提案された個人の主体性、自発性、活動主義が戦時下新教育の理念に引き継がれたのです。

つまり、国民学校をはじめ戦時体制下の教育では、少国民の主体性や自発性の調達を目的に、教師が子どもの興味や関心を引き出そうと、知識の注入ではなく、体験や作業を通じて、そこから「皇国ノ道ニ帰一セシメ」ることをめざしたのです。

大正期以来の新教育の主張者や実践家たちも、戦時体制に反しないように、子どもの主体性や自発性を尊重することで、各自の思想的、実践的な立場を守ろうとしました。少国民の日本精神を高めるためには、知識や道徳の一方的な詰め込みではなく、個々の子どもたちが主体的または自発的に、体験や活動への参加を通して、知識や道徳の習得が可能になると考えられていました（新教育協会編『日本精神と新教育』明治図書）。

人間の主体的または能動的な行為は、個人の自由意志（voluntas）を前提に、はじめて成立します。大正新教育以来の主体性や自発性の理念は、国民学校や戦時下教育体制に矛盾することなく取り込まれていきました。その主体性、自発性、自主性は、当時の教師や少国民のあるべき精神として高く評価されました（高橋浩「15年戦争期における『日本教育学』研究Ⅲ」『鹿児島女子大学研究紀要』一五―一）。

自ら進んで学ぶ、積極的に参加するという主体性や自発性は、戦時体制と矛盾することなく、むしろ都合良く国民学校の制度、その内容や方法に取り込まれていきました。そこには、大正新教育運動の遺産としての「戦時下新教育」の特質が見出せます。それは戦時体制を下支えするスローガンやカリキュラムとして実施され、機能していきました。

しかし、それが戦時中の数多の悲劇をもたらしたことは言うまでもありません。

これからの学校教育で本格的に実施されるアクティブラーニングも、戦時下新教育のように、国家や政府のめざす政治・経済体制に、自発的または能動的に奉仕、奉公することを子どもに求める教育になっていくのではないかという懸念を禁じ得ません。

児童や生徒のなかには、社会や政治のあり方を批判的に思考・判断し、自分の考えを的確にまとめ、表現する「深い学び」に到達することもあるでしょう。教師は児童・生徒たちの「深い学び」を受け止め、学級全体で共有したり、対立する意見をまとめ調整することが可能なのでしょうか。それは、教師の力量のみならず、異なる意見や立場に対して、政治や社会全体がどれだけ寛容でいられるかが問われているのです。

第三章　戦後教育史の〈アクティブラーニング〉

――戦後新教育・民間教育研究運動

私たちのタイムマシンは戦後初期の新制中学校の教室にやってきました。周囲は戦争の爪痕が残っていますが、学校教育を含めて、戦後日本は戦前・戦中の反省にたって、新しいスタートを切ろうとしています。目の前の中学生は戦後に新設された「社会科」の授業で、発表会を開いています。生徒たちは自らの地域社会に出かけて、人びとの生活実態を調べ、討論した結果を発表しています。

1　戦後教育改革

敗戦——近代日本の挫折

一九四四年頃から戦禍はますます厳しさを増し、翌四五年になると敗戦が濃厚になりました。

連合国は七月二六日に、日本に対し、無条件降伏を要求するポツダム宣言を発表するも、日本側はこれを黙殺、八月六日には広島、九日には長崎に原子爆弾が投下され、ようやく一四日にポツダム宣言の受諾を決定しました。翌一五日の正午に、天皇より終戦の詔書（いわゆる玉音放送）が発表され、日本の敗戦が伝えられました。翌月九月二日、日本は降伏文書に調印し、ようやく終戦を迎えました。

これは明治以来の天皇制を中心とした近代日本の大きな挫折を意味しました。それのみならず、日本が植民地として統治していたアジア各国や諸地域に対しても、さまざまな被害や苦痛を与えてきたのです。

国民を戦争に駆り立て突き動かした大きな背景には、近代学校教育の強大な影響力があったことを忘れてはなりません。全国の子どもたちは学校教育を通じて、教育勅語の教えを守るように教育され、参戦を促され、長じて兵隊になるなどしたからです。戦後日本はこの多大な犠牲と反省のうえにあることをつねに覚えておきたいものです。

「第二の教育改革」

敗戦後、アメリカ軍を主体とした連合国総司令部（GHQ／SCAP）の指導や助言を受けて、日本国憲法が一九四六年一一月三日公布、翌年五月三日に施行されました。新憲法は国民主権、基本的人権の尊重、平和主義を三大原則としました。

GHQ／SCAPは一九四五年のあいだに、「極端な軍国主義教育の廃止」「軍国主義的教員の審査と教職追放」「神道への政府の関与の禁止」「修身・歴史（国史）・地理の授業停止」の四大指令を出して、教育の非軍事化を求めました。

その後、連合国総司令部の要請により、アメリカ教育使節団が一九四六年と五〇年の二度にわたって来日し、日本の戦後教育の方向性は『米国教育使節団報告書』にまとめられました。総司令部の民間情報教育局（ＣＩＥ）は、報告書の内容を実現するために文部省と協議し、政府と文部省に戦後日本の教育のあり方を助言、要請しました。それが一九四七年三月三一日に公布された教育基本法と学校教育法として結実したのです。これは明治近代の学校教育の成立と普及につぐ大改革、すなわち「第二の教育改革」になりました。

わずか一一条から成る教育基本法は、理念法として、教育の目的を「人格の完成」（第一条）にあるとし、機会均等（第三条）や男女共学（第五条）など、生まれによって教育機会上差別されないことを明確にしました。また、六・三・三・四制の新しい学校教育制度が発足し、すべての子どもたちが能力に応じて等しく学ぶ機会が保障されました。

学校教育でも、戦前の天皇制国家主義のもと、一方的な知識の注入や画一主義に対する反省から、戦後は国から地域社会へ、教師主導から子ども主体の新しい教育が構想されることになりました。この戦後初期の児童・生徒主体の「戦後新教育」もまた〈アクティブラーニング〉をめざそうとするものでした。

2　戦後新教育の展開――カリキュラムの自主編成

戦前と戦後――断絶と連続

戦後新教育は、経験主義に教育の原理を求め、教師や学校によるカリキュラムの自主編成を軸にした新しい実践をめざしました。

それは地域教育計画やコア・カリキュラムとともに、学習指導要領（試案、昭和二二年度版・昭和二六年度版）における問題解決学習や生活単元学習として実施されました（金馬国晴「戦後初期に『学力』の『低下』が意味したこと」苅谷・志水編『学力の社会学』岩波書店）。いずれも、子どもの主体的な能力や態度を育み、学ぶことを主眼にしたカリキュラムでした。

地域教育計画では、カリキュラムの自主編成が進められる動きにあわせて、各地で地域名や学校名を冠した教育計画が立案されました。アメリカのコミュニティ・スクールの影響を受けた「地域社会学校」を中心に、学校と地域が共有する資源の相互活用をめざして、自治体、学校、地域住民、教育研究者が協力して、地域に関わる実態調査をおこない、地域の諸問題の解決を図ることで、地域の実情に合ったカリキュラムが自主的に編成

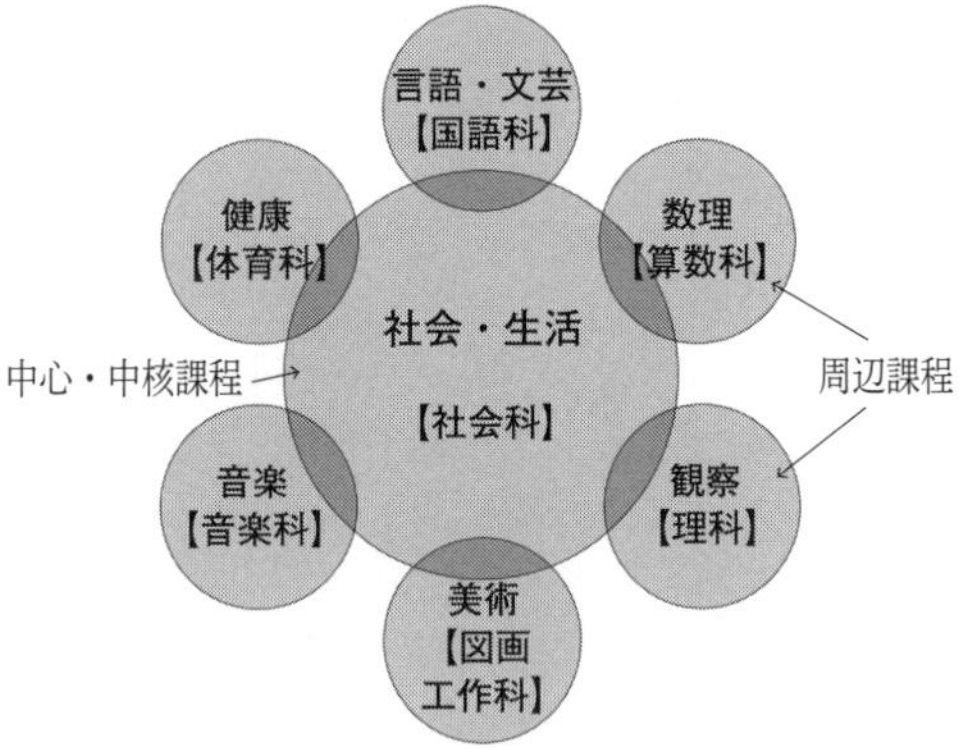

出典　肥田野・稲垣編（1971）『戦後日本の教育改革6　教育課程（総論）』東京大学出版会所収の「資料コア・カリキュラムの単元例」をもとに筆者作成
註　【括弧内】は対応する教科目を示す

〔図表3－1〕戦後の小学校におけるコア・カリキュラム

されていきました。代表的なものには、埼玉県川口市の川口プラン、広島県本郷町（現在は三原市本郷町）の本郷プランなどがありました。前章で紹介した「奈良の学習法」は戦後になって四代目主事の重松鷹泰《しげまつたかやす》のもと「奈良プラン」として新たな実践を開始し、注目を集めました。

コア・カリキュラムとは、文部省とCIEが提案したモデル・カリキュラムのひとつで、アメリカのヴァージニア・プランのコア・コース（中心課程）から着想されました。コア・カリキュラムでは、社会科をはじめとして、子どもが経験の積み重ねを通じて解決をめざす社会の問題や生活上の課題を「中心課程」という核《コア》にして、その中心課程を探究するための知識や技能の教科を「周辺課程」として配置し、合科カリキュラムを構成しました〔図表3－1〕。

当時の大津市立中央小学校四年の単元「健康な生活」では、中心課程に「私達のからだ」を据え、自身のからだを知ることや病気の予防、健康維持のための態度を育むことが目標とされています。それぞれの周辺課程、たとえば「言語」や「文芸」では「ねぼう」を題材に作詩や詩の鑑賞、「数理」では身長体重をグラフで表現、「観察」では気象観測、「美術」では建築物の写生、「音楽」では六拍子のリズムに合わせたなわとびの練習、「健康」では陸上の幅跳び競争によって構成されました（コア・カリキュラム連盟編『カリキュラム』一九四九年五月号）〔図表3－2〕。

〔図表3－2〕交通調査の授業（東京都文京区の公立小学校）

出典　コア・カリキュラム連盟編『カリキュラム』1951年4月号口絵

前章で見たように、戦後新教育の実施以前にも、日本には大正新教育または戦時下新教育などの新教育の経験がありました。それはたとえば、郷土教育、合科教育（合科学習）や綜合教授、生活教育などでした。戦前来の教師のなかには、郷土（地域）や生活といった子どもたちの身近なテーマを対象にして、授業を構成する経験を有する者もいました。戦後は、その経験に基づきながら、教師が新しい戦後社会や教育の構築に向けて、積極的な提案や新たな実践に挑戦しました。地域教育計画やコア・カリキュラムなどカリキュラム自主編成の試みは当時の日本の学校で五〇〇以上にもなりました（木村元『学校の戦後史』岩波新書）。

その開発と普及を担ったのは教育学者たちでした。特にコア・カリキュラムは東京文理科大学や東京高等師範学校（いずれも現在の筑波大学の前身・母体）の教育学の教授だった石《いし》山脩平《やましゅうへい》、倉澤剛《くらさわたかし》、梅根悟《うめねさとる》らが指導的役割を果たしました。

彼らは、戦中期より郷土教育（石山）や公民教育（倉澤）といった専門の立場から、国民学校の合科カリキュラムの実施に主導的な役割を果たす一方、時局発言にも積極的で、教師や子ども（少国民）の戦意高揚に一役買ったと言われています（長浜功『増補　教育の戦争責任』明石書店）。戦後は一転、それまでの敵国だったアメリカより、コア・カリキュラムの移入と普及に重要な役割を果たしました。彼らは戦前・戦中以来の自身が提唱してきた郷土教育や公民教育などを、戦後の社会科やコア・カリキュラムに連続させて、新たな授業実践のあり方を求めたのです。

戦前と戦後の連続性の一方で、戦前の教育における記憶力中心の学力観が否定され、代わりに生活単元学習や問題解決学習を軸にして、生きて働く学力や、生活問題処理力、問題解決能力こそが「新しい学力」であると主張されました（木下繁彌「学力論争」久木他編

『日本教育論争史録　第四巻』第一法規）。戦後新教育では、戦後民主主義社会を担う人間に必要な社会力や生活力の獲得が求められたのです。

学習指導要領（試案）の特質

カリキュラムの自主編成は、戦後初の一九四七（昭和二二）年の学習指導要領（試案）において謳われました。

戦後日本の学校教育のカリキュラムの基本的な枠組みは、今日に至るまで、文部（科学）省の学習指導要領において定められています（巻末資料参照）。小学校・中学校・高校・特別支援学校において、各教科や各学年ごとの教育目標や内容、または標準授業時数に関して定めた国家基準です。戦後の検定教科書は学習指導要領をもとに作成・編集され、学校の教師も学習指導要領に準拠して授業や児童理解、生徒指導をおこなうことになっています。今日では法的拘束力を有するカリキュラムの国家基準になっていますが、一九四七年当時の学習指導要領は「試案」でした。戦後日本教育史の通説にしたがえば、一九五八（昭和三三）年に改訂され、文部大臣によって告示される以前の学習指導要領は「試案」、つまり学校や教師に対してカリキュラムの自主編成を期して示された手引書や参考案でした（大田堯編著『戦後日本教育史』岩波書店）。

戦後初期の学習指導要領（試案）では、戦前の修身・公民・地理・国史などといった科目が消滅し、新たに「社会科」が設けられました。また、「自由研究」の時限も新設され、経験や活動をもとにした単元学習、学校における地域カリキュラムの作成が自主的におこなわれました。単元学習とは、子どもの興味や関心に合わせて学習内容をまとめ、そのテーマについて学習する形態を指します。

また、学習指導要領（試案）では、子どもの主体的な学習や活動・体験がさかんに強調されました。子ども自身が学習の目的を知り、自ら進んで学んでいくためにも、自主的な活動や主体的な学習が求められました。たとえば、これは、第四章「学習指導法の一般」に記された「学習の指導は児童や青年の活動を、いかに取り扱うかが中心の問題になる。しかも、それは児童自身の積極的な、また学習の目的に合った活動を求めなくてはならない。すなはち、学習の目的に合った興味による自発活動を中心として、これを考えて行かなくてはならないのである」（傍点引用者）にも通じる内容です。

つまり、自発性、積極性、関心や意欲など、子どもの学習に対する態度が重視、強調され、それらを喚起するものとして、活動に対する興味、生活における必要、子どもの成功体験の三点が挙げられました。他方、教師は、子どもの積極的な学習態度を引き出すための主体として位置づけられ、子どもの生活実態をよく見ることが強調されました。

学習指導要領や各地域・各学校の自主的な教育運動のなかで展開された戦後新教育もまた、子どもたちの自発性や活動主義、経験的な学びが強調される〈アクティブラーニング〉だったと言えるでしょう。

生活単元学習としての社会科

カリキュラムの自主編成は、教師と子どもの自発的、意欲的な相互作用のうえに成り立っていることを前提としていました。その具体的なかたちが、戦後初期の学習指導要領（試案）における問題解決学習や生活単元学習の実践でした。

それは教師による一方的かつ系統的な知識の伝達ではありません。子ども自身が直面する社会生活上の課題や問題を、子ども自らの経験や活動を手段として、経験や知識を構成しなおして、ともに成長や発展をめざす学習のあり方を指します（谷川彰英『問題解決学習の理論と方法』明治図書）。生活単元学習を通じて、自らの社会や身の回りの生活の問題や課題の解決を志向したことから、戦後新教育の授業においては、問題解決学習と生活単元学習はあわせて実践されることもありました。

問題解決学習や生活単元学習は、あらゆる教科において導入されましたが、戦後新たに設置された「社会科」こそ、その花形でした。社会科は戦後民主主義を担う次世代の人間を育てるための教育として、大きな期待を背負って新設されたのです。

　一九四七年五月五日に発行された『学習指導要領社会科編1（試案）』には、社会科の基本的な目標として「青少年に社会生活を理解させ、その進展に力を致す態度や能力を養成することである」と書かれています。その学習指導法（第四節）として、「青少年の直面している現実の問題を中心とし、その解決のために自発的活動をなさしめ、そしてそれを通じて指導して行くという原則はあくまでも守らなくてはならない」（傍点引用者）とされました。つまり、「為《な》す（活動・経験する）ことによって学ぶ」という原則が強調され、児童・生徒は学習目標を自覚したうえで、自身の活動や経験によって達成することが重要な条件だったのです（小原友行『初期社会科授業論の展開』風間書房）。

　その社会科を中心に、生活単元学習や問題解決学習が採用されました。その単元学習は全国の多くの小・中学校で普及しました。たとえば、当時の川口市立本町小学校で実践された「町の清潔」という三年生の単元では、不衛生な場所が人体に与える伝染病などの害について話し合い、自身の住む町の不衛生な場所（下水施設、ゴミ捨て場、道路の砂ぼこり）についての絵と作文を通じて発表し、町が清潔で衛生的であるために、町の人びとが協力できること、児童自身や家庭でできることを話し合い、地域の問題を改善しようとする内容でした。公衆衛生の課題を児童自身の社会や生活上の問題として把握し、原因を含めた実態の究明を児童自身が自ら考え発表し、問題解決を図ろうとしています。これは先に述べた「川口プラン」として実践されました（中央教育研究所・川口市社会科委員会編『社会科の構成と学習』金子書房）。

国立教育研究所は、一九五〇（昭和二五）年九月に、全国の小学校低学年八四三校、高学年七五九校、中学校八三一校の単元学習の実施状況についての調査をおこない、結果を発表しました。それによると、一学校の授業全体の六〇パーセント以上で単元学習がおこなわれている学校を「実施校」とみなすと、単元学習の実施校の割合は戦後新教育の目玉であった社会科で顕著でした（小学校・低学年八四・八パーセント、高学年八四・一パーセント、中学校七六・五パーセント）。ついで理科が多く（小学校・低学年七六・九パーセント、高学年七二・五パーセント、中学校七一・〇パーセント）、国語（小学校・低学年五四・一パーセント、高学年四九・一パーセント、中学校五七・二パーセント）や算数・数学（小学校・低学年六三・一パーセント、高学年六一・八パーセント、中学校六四・九パーセント）という実施状況でした（国立教育研究所「全国小・中学校教育課程実態調査（第一次報告）（第二次報告）」『国立教育研究所紀要』第五集（Ⅰ）（Ⅱ））。

埋めがたい格差

初期社会科は、児童・生徒たちにとって、新たな探究の場でした。

社会科の授業は、教師から一方的に伝達される知識をただ受け身で習得する場ではなく、活動を通じて、自ら主体的・協働的に学習する《アクティブラーニング》場でした。それを通じて、地域や広く社会の問題を理解し、解決することをめざしました。

当時は戦後の混乱期で、適切な教材や資料がじゅうぶんに存在しなかったために、子どもたちは自ら必要な資料を求めて手紙を出したり、見学や巡見に出かけました。そうした学習活動を通じて、社会を変えていこうとする「社会の一員」を自覚する効果もありました。また、協同学習を通じて、生徒同士の友人関係や教師との協力関係も見られました。児童や生徒のみならず、教師にとっても、地域教育計画などを通じて、自治体、教師集団、地域住民との関わりから、子どもを含む地域の生活実態や地域社会の構造や矛盾を発見し、それがカリキュラムの自主的編成に活かされました（岩浅農也「社会科教育の創設」岡津編『戦後日本の教育改革7　教育課程（各論）』東京大学出版会）。

しかし、その反面、単元学習の課題や問題点も早くから指摘されていました。それは実践に向けて、教材の不足などの教育条件や教育環境上の問題、または教科の性格による課題でした。先と同じ国立教育研究所の調査によると、単元学習をおこなわない教師の意識に注目すると、「条件が整わぬため現状では不適当」を理由に挙げる割合が他の理由とくらべても非常に高く、教科別・学年別に見ると、社会科（小学校・低学年八八・

五パーセント、高学年八四・六パーセント、中学校九〇・八パーセント）、理科（小学校・低学年八五・七パーセント、高学年八八・七パーセント、中学校九一・一パーセント）に対し国語（小学校・低学年六三・二パーセント、高学年六一・一パーセント、中学校七六・九パーセント）、算数・数学（小学校・低学年七〇・九パーセント、高学年七三・五パーセント、中学校八一・〇パーセント）でした。

単元学習の導入が進められた社会科や理科に対して、知識の系統性や体系性が求められる国語や算数・数学で、あるいは小学校低学年より高学年、中学校というように、教科や学年によって、単元学習が困難になっていると感じる教師の意識も明らかになりました。単元学習を通じて地域社会との連携が求められた社会科や、実験器具や薬品などの備品が必要な理科で「条件が整わない」との声が顕著でした。

対する国語や算数・数学では、社会科や理科とくらべて教科書中心の一斉授業が展開される傾向にありました（国立教育研究所前掲）。

また、初期社会科の単元学習や問題解決学習の実践場面でも、さまざまな課題・問題、困難が散見されました（岩浅前掲）。

第一に、教室内や学習グループ内またはそれぞれの児童・生徒間には、埋めがたい学力や学習に対する意欲・態度の格差がありました。活発で意欲的なグループや個人は、積極的に学ぶことができたものの、他方で、どんな課題のときでも、つねにグラフを描くだけ、色をぬる作業だけを分担する児童や生徒もいました。

ここで、当時の学力格差の実情について一例を紹介しておきましょう。生徒の文集『山びこ学校』はじめ生活綴方教育で知られる無着成恭《むちゃくせいきょう》さん（一九二七〜）は、戦後まもない一九四八年に、地方・農山村の僻地の中学校（山形県山元村立山元中学校）に赴任しました。そこで担任として出会った中学二年生四四名のなかに、六名の「自分の名前が書けない子ども」や「読字能力・計算能力に難のある生徒」の存在を見出す一方、自らの生活体験に根ざして、数学の応用問題を作成する生徒がいたことを実名を挙げて報告しています（無着「私がしなければならないこと」『新日本教育』創刊号）。戦後の学校内または学級内の学力格差、特に戦中・戦後の混乱期における子どもたちの基礎学力の形成は大きな懸案でした。

「くだらない事」

第二に、学習の意義が児童や生徒に伝わりにくかった側面が挙げられます。児童や生徒たちはのびのびと解放感をもって学習に取り組めるようになった反面、何をやっているのかよくわからない、活動を通じて学習できているのかという不安を抱く者も少なくありませんでした。特に小学校低学年では「ごっこ遊び」ばかりが流行し、児童はよく活動するものの、何のために何を学習しているのかを理解していないことが明らかになりました。

初期社会科の問題点を生徒の目線からとらえた経験談があります。当時、茨城師範学校女子部附属小中学校の中学生だったドイツ文学者の西尾幹二《にしおかんじ》さん（一九三五〜）は実体験から、当時の社会科の授業の様子を以下のように述べています。

二学期からわれわれを実験材料にして展開した教育は、「民主教育」という名において、子供たちに好き勝手に何でも自由にさせ、子供の発意に従って授業内容を組み立てさせ、子供の意志に合わせてすべてを運営させるという大胆きわまりない方針に基づいていた。〔中略〕社会科は二学期は「理想の町作り」、三学期は「アメリカ研究」と先生がすでに決めていて、子供が本当にそんなことをやりたいのかどうか分らないのに、その方針に従って、生徒たちに自由に時間割を自分たちで作らせ、提案させた。〔中略〕わたしたちは町へ各自勝手に粘土や絵具を買いに出て、午後いっぱい帰ってこないこともあったが、誰にも咎《とが》められない。「自由教育」なのである。わたしは教科書を持たないで登校する日がつづいた。当然ながら一般学力はどんどん低下していく。わたしの母などはそれを一番心配していた。そして、ついに年末には親たちが眉をひそめるような事態が現出した。〔中略〕わたしは「日記」（十二月十五日）に「じつにくだらない事が始まった」と吐き棄てるように書いている（西尾『わたしの昭和史

2　少年篇』新潮選書)。

後の回想でもあり、差し引いて見るべき内容も含まれているかもしれません。しかし、生徒の視点からの回想としては非常に興味深い内容です。活動的または体験的な単元学習を「自由教育」の名のもとで進めようとする教師の意図に対して、西尾さんは当時の日記で「くだらない事」と一蹴しています。また、教師から一方的に「させられる」または「与えられる」授業に、主体的《アクティブ》に取り組もうとする意欲も態度もほとんどなかったように映ります。

教師の戸惑い

第三に、それは教師自身にとっても同様で、社会科を通じて、児童や生徒に何をどうやって学ばせようとしているのかよくわからない事態を招いてしまいました。

教師も学校もじゅうぶんな単元指導計画がなく、新聞の三面記事から思いつきの話をしたり、社会科を現場調査をやらせる教科だと錯覚し、子どもたちにとりあえず調査をさせて、その報告を漫然と聞き流すだけの授業も見られました(馬場四郎「文部省著作小学校社会科学習指導法をめぐつて　使用法をめぐつて」社会科教育研究社『社会科教育』三二)。カリキュラムの自主編成の名のもとでおこなわれた社会科の経験主義の学習では、ともすれば、何よりもまず「活動ありき」になってしまうことがたびたびでした。それが授業の中心になってしまい、学習対象と児童・生徒との相互作用（関わり合い）を通じた経験の再構成がじゅうぶんに達成されることはありませんでした。

また、教科書を第一頁からただ読み、一方的に説明していくだけの授業や、子ども自身がものを作る体験、発表や表現など活動のない授業もありました（馬場前掲）。教師の力量不足もさることながら、慣れない経験主義カリキュラムを前に、児童や生徒たち自身に調べさせたり、学ばせることが不安で、教師自身がすべて教科書の内容を一通り説明してしまい、あとは「お説教」になってしまう例も多かったようです。

戦後新教育は、児童・生徒の主体的な学びを期待する一方、じつのところは、教師の指示のもと「やらされる課題」、つまり他律的学習からは脱しきれていなかったようです。国からの一方的な指示に従わざるをえなかった教師自身もまた事情は同じであったのかもしれません。

デューイの誤解？

戦後新教育の背景には、アメリカの哲学者であるジョン・デューイ（一八五九〜一九五二）の提案した経験主義教育が大きな影響を与えたことはよく知られています。戦後教育の刷新にあたり、東久邇宮《ひがしくにのみや》内閣の文部大臣だった前田多門《まえだたもん》（一八八四～一九六二）なども、デューイ本人に助言を求めた動きが明らかになっています（前田他「アメリカ民主主義」『朝日新聞』一九四五年一〇月二～五日）。戦前の天皇制国家主義に対する反省と、戦後民主主義の定着を図るうえで、デューイの民主主義論と経験主義教育こそが、参照すべき重要な要素を多く含んでいると考えられたからです。

デューイの経験主義と民主主義の教育を簡潔に説明すれば、それは「経験の連続性・再構成」を中核にした内容です。つまり、人間は内的条件（自己）と外的条件（周囲の環境・対象・他者）に働きかけ、働きかけられるという相互作用（関わり合い）を通じて、新たな経験を積み重ねることで、自己の経験は絶えず再構成され、それまでの自己や社会のあり方を刷新しながら、よりよい社会としての民主主義社会を担う個人として成長していくことが期待されます（デューイ『民主主義と教育』岩波文庫、同『経験と教育』講談社学術文庫）。

したがって、経験主義教育のスローガンとして言及される「為すことによって学ぶ」(Learning by doing) という単純にして明快な言葉は、ただ単に子どもたちに活動や体験をさせておけばよいという議論ではありません。ましてや、子どもの意志のみを尊重すればよいという児童中心主義を意図したものでもありません。むしろ社会の構成員である個人が主体的・対話的な学習《アクティブラーニング》を通じて、それぞれの個性に応じた存在感をもち、公的領域の改革に従事できる市民を準備させることこそ、教育の役割であるとデューイ自身が深く認識し、主張したことでした。

しかし、戦後日本に導入された経験主義教育は、ともすれば、子どもに活動や経験の機会を与えておけばじゅうぶんであるとか、子どもを教育や学びの主人公に見立てる児童中心主義の教育に陥りかねないものでした。それはまた学力低下論とともに現れた「はいまわる経験主義」という批判とも大きく関連しています。

3 「はいまわる経験主義」と学力低下論

「活動あって学習なし」という批判

戦後の経験主義に対する批判は比較的早い時期から現れました。もっともインパクトのあったものは「学力低下」批判で、早くも一九四八（昭和二三）年頃から見られました。

一九五〇年代の初頭より、東西冷戦構造やそれを背景にしたイデオロギー対立が明らかになるにつれ、右派（保守）は、知識の系統性や学力低下の観点から、問題解決学習や生活単元学習の効果を批判する一方、左派（革新）からもアメリカ流の民主主義や経験主義教育を疑問視する声が現れはじめ、戦後新教育は右派、左派双方から厳しい批判にさらされることになりました。

もちろん、そのなかには単なる個人の印象論もないわけではありません。それまでの学校教育に慣れ親しんでいた親や教師が戦後新たに導入された経験主義教育を不安視するなかで、学力低下への不安が自然発生的に現れた側面もあります。また、戦後の混乱期で子どもたちがじゅうぶんに学習に取り組めない状況もありました。しかし、目の前の子どもたちが読めて当たり前の漢字を読めない、文章どころか文字すら書けない、簡単な計算ができない、県名を知らないなどの「〜ができない／〜できなくなった」という教師や親たちの直感や印象が不安になって学力低下が表明されることもありました。

生活単元学習や問題解決学習であれ、地域教育計画やコア・カリキュラムであれ、戦後新教育は「はいまわる経験主義」や「活動あって学習なし」などと批判、揶揄されるようになりました。児童や生徒が教室内外を動き回ったり、せまい生活空間のなかを這《は》い回っていても、「学習」とされることへの皮肉を込めた言い方です。それはまた系統的に知識を習得していないことや、その結果生じる学力低下への批判または危惧をあらわす言葉として当時さかんに使われるようになりました。

「はいまわる経験主義」という言葉を生み出した人物に、矢川徳光《やがわとくみつ》（一九〇〇〜一九八二）がいます。矢川は、ソヴィエト教育学やマルクス主義教育学の専門家として、戦後新教育を、アメリカ流の民主主義社会や進歩主義教育のまねごとに過ぎず、階級対立などの現実の社会生活の諸矛盾に目を向けていないばかりか、矛盾に対抗するための力をじゅうぶんにつけていない資本主義擁護の教育であると批判しました（矢川『新教育への批判』刀江書院）。

　矢川をはじめ左派（革新、特に共産主義）は、資本主義を打倒し共産主義社会の実現に向けた主張を展開する一方、右派（保守政権・自民党）は、一九五〇年代半ば以降の経済成長を受けて、資本主義社会の経済発展に資する優れた人材養成を学校教育に求めました。

　イデオロギー対立は別にして、知識の伝達を重視する系統主義の支持者が「学力低下」を掲げて、経験主義を批判する議論の範型は、このときに確立されたものではないでしょうか。その五〇年後の一九九八（平成一〇）年に改訂された学習指導要領の告示とともにはじまった、いわゆる「ゆとり教育」批判や「学力（低下）論争」のときも、ほぼ同じような構図で論争が展開されたことを思い出す向きも多いでしょう（「中央公論」編集部・中井浩一編『論争・学力崩壊』中公新書ラクレ）。今回のアクティブラーニングの実施に対しても、当初は活動や体験ばかりが重視されたこともあって、一部で「はいまわるアクティブラーニング」などと批判されていました。

印象論の学力低下問題

戦後新教育の実施にあたって、戦前・戦中以来の教育を実践してきた教員のあいだでも戸惑いが大きかったといいます。戦後新教育は、それまでの戦前の教育と大きくスタイルが異なるばかりか、そもそも現場の教員の発案でも、自らの思想を具体化した内容でもなかったからです。

学習指導要領（試案）においては、「こんど（戦後―引用者註）はむしろ下の方からみんなの力で、いろいろと、作り上げて行くようになって来たということ」とされ、カリキュラムの自主編成が求められましたが、当の学校で児童・生徒を預かる教師のなかには、外（アメリカ）や上（文部省）から一方的に押しつけられたようにも感じられた新しい教育方法でした。

それまで戦前・戦中の精神主義教育や少国民錬成を通じて、自らの教え方を確立してきた中堅以上のベテラン教員たちは、授業において子どもの主体的な学習や活動・体験をどのように採り入れるべきか、求められる能力や学習態度をどうすれば育むことができるかをめぐって、困惑したといいます。

学力低下論がにわかに高まるなか、茨城県では一九五〇年から「連合教育研究集会」が開催され、小学校教員から大学教授までが参加しました。その第二回中央発表会（一九五一年一一月二七・二八日）では、「学力の低下と学習指導法」というテーマのもと、小学校一九名、中学校一七名、高等学校一名の各教員が発表しています。これは戦後新教育に対する当時の教員の認識を知るうえで、歴史的にも非常に重要な集会のひとつでしょう。

その発表集録の内容分析によると、「学力が低下している」と認識している小学校教員は一二名（低下していない三名、どちらとも言えない二名）、中学校教員は一三名（低下していない〇名、どちらとも言えない二名）と多くの教員が学力低下を経験的に認識していました。小・中学校教員ともに、「指導力・指導法の問題」（教材研究の不足、個人差、反復練習の軽視、活動中心の学習）に学力低下の原因を求める傾向がもっとも顕著でした。そして、今後の学習指導の方針として、「個人差の考慮」（小学校八名・中学校一二名）、「反復練習」（小学校八名・中学校一一名）、「能力別グループ指導」（小学校七名・中学校九名）など、おもに指導法の改善を挙げる教員が多かったようです（浜本純逸「戦後初期新教育の実際と展開への模索」『早稲田大学大学院教育学研究科紀要』一四）。つまり、活動や体験が教育や学習の中心になることで、基礎学力を定着させるための反復練習の時間が軽減または軽視されるようになったことを、学力低下の要因として挙げています。また、これは、個人差を考慮したり、能力別のグループ指導をおこなわなければならないほど、児童・生徒間の学力格差が大きかったことを示唆しています。

一部の教員が「記憶する事は智識の第一関門であって、それを無視しての智識の啓発は不可能である」と述べる一方、別の教員は「生活的技能においては戦前に比して全般的には向上しているようにも思われる」と主張するなど、基礎学力は低下している一方で、生活力は向上しているかもしれないというように、子どもの学力に対する印象は子どもの様子や学力に対する教師のとらえ方によって大きく異なりました。

ほんとうに「学力」は低下したのか

戦後新教育の中心だった経験主義教育によって、学力は低下したのでしょうか。

一九四七年の学習指導要領（試案）が発表された翌年頃から学力低下の批判や非難の声は早くも高まりはじめ、これと同じ時期またはそれ以降に、大学や国立教育研究所、県・郡・市立の教育研究所などで、さまざまな学力調査が実施されました。

そのなかのひとつ、戦後新教育による学力低下論や「はいまわる経験主義」という批判の根拠にもなった調査が久保舜一《くぼしゅんいち》（一九〇八〜一九九二）による算数の経年学力比較調査でした（久保舜一『算数学力』東京大学出版会）。

		加算	減算	乗算	除算	応用問題
田中調査_5年生	平均値	33.44	11.85	11.67	8.26	6.06
	標準偏差	11.05	5.20	3.96	4.02	3.82
田中調査_6年生	平均値	38.06	13.98	13.39	9.76	8.85
	標準偏差	11.85	5.65	4.10	4.67	6.16
久保調査_6年生	平均値	30.51	9.79	10.02	6.63	4.39
	標準偏差	10.92	4.73	4.16	3.79	2.82
満点		61	27	22	21	30

出典　久保舜一（1952）『算数学力』東京大学出版会より作成

〔図表3－3〕田中調査（1928〜29年）と久保調査（1951年）の算数学力調査

久保の『算数学力』はそのサブタイトルに「学力低下とその実験」とあるように、戦前と戦後の小学生に同じ算数の問題を出題し、両者の得点（平均点）を比較して、戦後の子どもの学力傾向を明らかにした研究書です。

先行する戦前の学力調査は田中寛一《たなかかんいち》（一八八二〜一九六二）が一九二八（昭和三）年と二九年に、東京市内（現在の東京都の中心部）一一校の一〜六年生を対象としたものです。これに対して、戦後の久保調査は一九五一（昭和二六）年一月から二月に、田中調査で使用された同じ問題を、横浜市の六年生に実施しました。

田中調査と久保調査の結果を比較すると、〔図表3－3〕のようになります。

表中の数値だけを見れば、戦後（昭和二六年）の小学六年生の算数の学力は戦前の六年生どころか、一部は五年生の水準にも達していなかったことがわかります。

しかし、両者の比較が正確かつ公平公正におこなわれたかというと、必ずしもそうではありませんでした。そもそも戦後の久保調査の六年生のほうが条件のうえでは、明らかに不利だったのです。しかも久保自身もそのことを認識していました。

条件の主な違いは以下の三点でした。

第一に、時代背景の相違です。久保調査の対象は一九五一（昭和二六）年一～二月の小学六年生、つまり一九四五（昭和二〇）年四月に国民学校に入学した児童です。言うまでもありませんが、入学後半年足らずで日本は終戦を迎えます。大都市の横浜も大空襲に見舞われ、多数の犠牲や被害がありました。戦後しばらくは社会の混乱がつづきました。他方、田中調査がおこなわれた当時（一九二八～二九年）は十五年戦争を前に比較的平和な時期（戦間期）でした。六年生に進級するまでに、児童がどれだけ落ち着いて学校で学習に取り組めたか、その時代背景の違いは大きいでしょう。

第二に、学力調査に使われた算数のテスト問題です。調査に使われたテスト問題は、田中が当時の国定教科書に掲載されていた問題をそのまま抜粋して作成されました。つまり、田中調査の児童にとっては、教科書を通じてすでに学んだ問題がそのまま出題されていたことになります。それに対して、久保調査の児童にとっては、はじめて見た問題ばかりで、田中調査の児童と比較しても明らかに不利でした。

第三に、調査対象の児童の選び方（サンプリング）の問題がありました。久保調査では、横浜の小学校からランダムに選ばれた学校やその児童が対象になりましたが、田中調査では家庭の職業や生活水準から、上中下各階級から3：6：3の割合で児童が作為的に抽出されました。今日ではよく知られていますが、学力を規定する家庭背景の点からも、田中調査の児童のほうが恵まれていたといえます。

以上の条件の相違を認識していたにもかかわらず、久保は戦後児童の大幅な平均点の低下をもって「学力低下」と断定し、その要因を問題解決学習や生活単元学習といった戦後新教育のカリキュラムに求めて、結論づけてしまいました。

久保調査以外にも、一九四〇年代末から五〇年代初頭にかけて、国立教育研究所、日本教育学会、日本教職員組合などが小・中学生を対象に、国語と算数・数学の学力調査を実施し、調査結果についての報告書が刊行されました。国語や算数・数学といったペーパーテストで測定される学力平均点の低下をもって「学力低下」を論じる傾向はほぼこの時期に確立されたといえます。そして、報告書の多くで、基礎学力の低下と生活単元学習・問題解決学習とが関連づけられて、批判的に論じられました。

しかし、厳密な方法とじゅうぶんな根拠《エビデンス》をもって、「学力低下」を立証できた調査結果はほとんどありませんでした（金馬前掲）。

数字だけが一人歩きし、「学力低下」批判の声が高まると、政策や教育の現場がそれに呼応し、都合良く採り入れていこうとするのはいつの時代も同じなのかもしれません。この「学力低下」の声をうけて、戦後新教育は教師、保護者、児童・生徒たちのあいだで否定的にとらえられるようになりました。それに対し、文部省はじめ戦後新教育の擁護者たちは、新しい学力（活用や生活力）の意義を主張し、学力低下論に反論しました。つまり、従来の基礎学力（古い／旧い学力）は低下したかもしれないが、実生活の知識の活用といった「新しい学力」や資質・能力は向上していると主張したのです。旧い学力と新しい学力を対立させてとらえる論理は、ゆとり教育推進派と反ゆとり派、または、知識・技能か資質・能力かという、当時から七〇年後を生きる私たちにも、おなじみの論争の構図ではないでしょうか。歴史はくりかえされているのです。

その後、日本は五五年体制の政治体制と高度経済成長期に入ります。経済界からの人材養成に呼応して、学校教育は経済界に有為な人材を送り込むための下支えを担います。文部省も一九五〇年代後半より、経験主義から系統主義へと教育課程のあり方を大きく転換していきます。

4　教育の現代化と民間教育研究運動の試み

「振り子」の揺り戻し

教師主導・知識重視の本質主義または系統主義の教育か、それとも子ども中心で、学習に臨む態度や考える力を重視する経験主義の教育なのか——戦後日本のカリキュラム改革は、それぞれの時代によって、いずれか一方の極に大きく振れては、その反動でもう一方の極に振れる「振り子の原理」にたとえられて説明されてきました〔図表3‐4〕。旧い学力と新しい学力のあいだの関連や関係性ではなく、対立させてみる見方の典型でもあります。

「振り子」の見方に立てば、戦前の日本の教育はおもに教師主導の一斉授業を中心とする臣民教育だったので、本質主義や系統主義だったということになります（必ずしもそうではなかったことは前章で示したとおりです）。これに対して戦後初期は戦前・戦中の教育に対する反省とアメリカの影響で、新設された社会科、生活単元学習や問題解決学習、コア・カリキュラムなどの戦後新教育が構想されました。つまり、体験や活動を中心に据えた経験

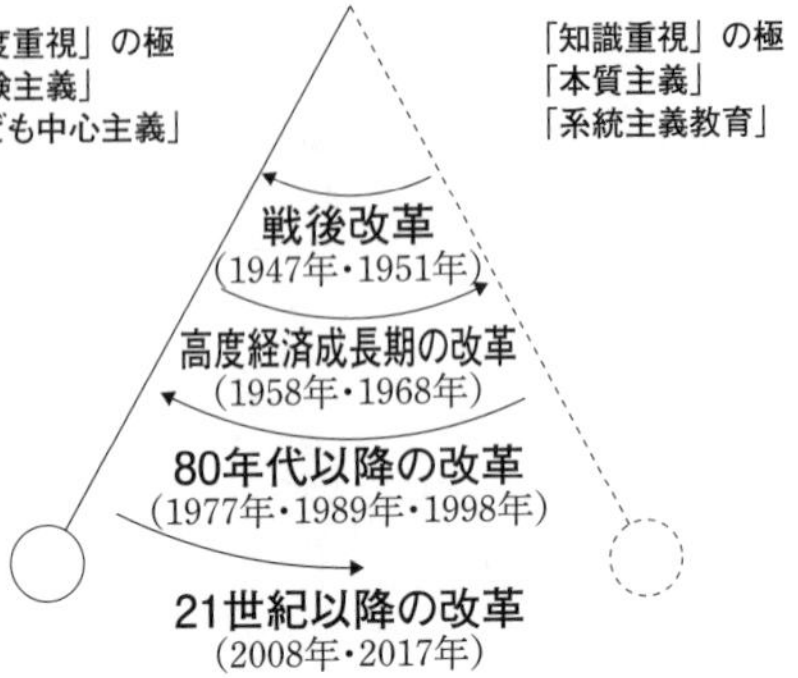

出典　志水宏吉（2005）『学力を育てる』岩波新書より筆者作成
註　（括弧内）は学習指導要領改訂年を指す
〔図表3－4〕カリキュラム改革の振り子

主義の揺り戻しが生じたということになります。

ところが、経験主義や問題解決学習を中心とする戦後新教育が、学力低下の主な要因として、「はいまわる経験主義」などと批判されるようになると、一九五八年改訂・告示の学習指導要領（国家基準）では、経験主義に代わって、知識・技能を中心とする基礎学力や系統学習が重視されるようになりました。戦後の経験主義教育の花形だった社会科は、それ以降、地理や歴史の科目別の系統主義化、つまり「覚える社会科」になっていきます。

社会科の系統主義化や「覚える社会科」の誕生には、日本国内の保守と革新とのあいだのイデオロギー対立が背景にありました。当時、保守・自民党政権や文部省がもっとも恐れたのは、革新系の日本教職員組合に属する教師たちが社会科の授業をマルクス主義社会科学の思想教育として利用することでした。それを阻止するために、学習指導要領は文部大臣の「告示」とされ、法的拘束力を有する国家基準とし、系統主義のカリキュラムに変更されたのです。それによって、教師による自主的な教育や経験主義的な学習活動は大きく後退することになりました（藤井千春「問題解決学習」杉浦編『日本の戦後教育とデューイ』世界思想社）。

さらに、その後の一九六八年改訂の学習指導要領は一般に「現代化カリキュラム」と呼ばれ、教育内容や標準授業時数ともに戦後最多になりました。学校教育では、科学教育の重視や知識の系統的な教授が中心になりました。経済界からの要請を受けて、高度経済成長に対応した理数系をはじめとする優れた人材養成が学校教育に求められるようになったからです。なかでも国語、算数・数学、理科は特に重視され、教育内容も大幅に増加しました。たとえば、算数・数学では、関数や集合などの抽象度の高い学習内容があいついで小学校や低学年に押し下げられることになりました。

その結果、限られた標準授業時数内に教えなければならない教育内容が増加したため、過密授業にならざるをえず、猛スピードで進行する授業が一般的になりました。当時開通したばかりの超特急・新幹線になぞらえて「新幹線授業」などと批判されることもありました。

「楽しい授業」

「新幹線授業」では、ときに授業の内容をじゅうぶんに理解できない子どもたちを「見切り発車」したまま進められました。その児童や生徒は、当時「落ちこぼれ」または「落ちこぼし」と呼ばれはじめ、教育問題として注目されました。授業の内容を理解しているのは小学生七割、中学生五割、高校生ではわずか三割という、いわゆる「七五三教育」であるとマスコミに取り上げられたのも当時のことでした。「七五三」どころか、一九七四年当時の東京下町の公立中学校では、小学校低学年の基本的な計算さえ覚束《おぼつか》ない一年生が学年の三分の一を占め、どうにか授業の内容を理解している二年生は八分の一に過ぎないという衝撃の報告もありました（朝日新聞社編『いま学校で⑤』）。

同時期には、いじめ、不登校（登校拒否）、校内暴力などの少年非行、学級崩壊といった児童・生徒に関わる数々の問題が発生するなど、それまでの日本の成長や発展に合わせて拡大、発展してきた学校教育にも数々の限界があらわれ、それが学校教育の問題や責任として批判的に報じられるようになりました。

いずれの問題も原因として、大量の知識の詰め込み教育（系統主義教育）がやり玉に挙げられました。

それを受けて、一九七七年（高校は七八年）に改訂・告示された学習指導要領では、「教育の人間化」が提唱され、「ゆとりと充実」が言われるようになりました。この最大の目的は「落ちこぼれ」の救済でした。

その一方、六〇年代から七〇年代の初めにかけて、民間教育研究運動のなかで「楽しい学校・授業」が提唱されました（松下良平「楽しい授業・学校論の系譜学」森田他編著『教育と政治』勁草書房）。

もともと民間教育研究運動の主体は、戦後初期の地域教育計画やコア・カリキュラム運動などを基礎に成立した団体で、とりわけ一九五八年以降は法的拘束力をもった国家基準の学習指導要領（「上からの教育政策」）に対する批判勢力として、「下（民間）からの教育運動」を展開し、各教室の実践現場を中心に普及していきました。

たとえば、理科教育では、板倉聖宣《いたくらきよのぶ》（一九三〇〜二〇一八）などが中心になって、仮説実験授業を提唱しました。仮説実験授業は問題の提示を受けて、仮説（予想）を立ててから、児童・生徒間で討論させ、実験をおこなって仮説を検証する学習過程を指しますが、それを通じて、正しい科学的認識が成立するものと主張されました。

算数・数学教育では、数学者の遠山啓《とおやまひらく》（一九〇九〜一九七九）が、「ごっこ遊び」ばかりが流行していた戦後初期の生活単元学習に対する危機感から、一九五一年に数学教育協議会（数教協）を結成しました。算数や数学の授業でトランプやゲームを活用したり、タイルを使って二桁の筆算を教えることで、経験主義と系統主義双方の問題の克服をめざしました（田中耕治編著『時代を拓いた教師たち』日本標準）。これは「水道方式」と呼ばれ、学習内容の基礎や典型例を「水源地」とし、そこから各家庭へ流れていくように、派生した非典型や応用発展型の内容を「退化型」などと呼びました。繰り上がりのない足し算の計算は「水源地」、繰り上がりのある計算は「退化型」ということになります。教師自身も児童のつまずきを発見できるということで、落ちこぼれ対策として、または受験に向けた詰め込み教育を乗り越えるものとして、一部の教師のあいだで高く評価されました。

このほかにも、国語教育では、ことばの芸術として文芸をとらえ、ことばを通じて、ものの見方や考え方（教育的認識）を系統的に育む重要性と授業実践のあり方を主張した文芸教育研究協議会（文芸研・一九七二年発足）、コア・カリキュラム連盟（一九四八年一〇月発足）が一九五三年に改称した日本生活教育連盟、社会科教育では一九五八年に「社会科の初志をつらぬく会」などの民間教育研究団体が誕生しました。

その多くは「楽しい授業・学校論」の系譜にあり、子どもたちが自ら興味や関心をもって対象・単元に取り組み、楽しく授業に参加できるように、教師自身が授業で工夫することの意義を説くものでした。それは第一に明治以来の詰め込み主義と暗記主義の教育の誤りを正そうとする教育学的関心、第二に六〇年代の競争主義や能力主義教育による学校嫌いや勉強嫌いを乗り越える教育論的関心が融合して、人間中心主義カリキュラムや、教育と生活の結合の考え方に呼応して、国家の教育権に対して、国民の教育権や子どもの学習権といった教育権運動とも結びつきながら展開されました。

民間教育研究運動の実践の成果は、各自の刊行する図書や雑誌、または全国と各地域の研究会・勉強会・サークル活動を通じて、現場の学校教員にも採用、普及し、今なお全国の教室に影響を与えつづけているものも少なくありません。

5　左派教育運動の逆説

「学級集団づくり」

一九五〇年代後半以降に現れた民間教育研究団体のなかには、「社会科の初志をつらぬく会」やこれから紹介する全国生活指導研究協議会（全生研）の「学級集団づくり」のように、当時の保守勢力と革新勢力とのあいだのイデオロギー対立のなかで、結成されたものも少なくありませんでした。つまり、アメリカの対日政策転換後、戦後の民主化や非軍事化が後退（逆コース化）する政治・経済・社会のなかで、保守・自民党政権は学習指導要領の国家基準化（一九五八年告示）や教職員の勤務評定をあいついで導入し、学校現場の管理統制を強化していきます。これに危機感を抱いたのが主に日本教職員組合に属する革新系の教員でした。彼らは、この動きを戦後の平和と民主主義に対する危機としてとらえ、自らの教育実践と目の前の児童・生徒を国家の独占から守るために、教育研究団体を結成し、運動を展開しました。

なかでも「学級集団づくり」を通じた集団主義教育は、一九五九年一月の日本教職員組合の第八次教育研究大阪集会に参加した有志を中心とした全国生活指導研究協議会のもとで展開しました。彼らは、一九五八年告示の学習指導要領において特設された「道徳の時間」に反対し、当時のソ連の共産主義社会を背景に成立した教育学者・マカレンコ（一八八八〜一九三九）の集団主義教育論などを理想型として、日本の学校現場に積極的に紹介しました。

集団主義教育は、何よりも子どもたちの自主性を重んじるという建前こそあるものの、「班・核・討議つくり」と呼ばれる方法で、学級集団づくりをめざしました。まず、学級内に男女混合四〜五名程度の「班」を構成し、そのなかの核（リーダー）のもと、討議を通じて、集団成員一人ひとりが集団に対してもつ力、集団のさまざまなちからを自覚させ、それを表現する能力、それを遂行する方法やスタイルの習得が教育目標とされました（大西忠治『班のある学級』明治図書）。子どもたちが「学級集団を集団として自覚するよりも前に、身近な班をまず集団として自覚し、その班内の話しあいと行動を通して、他の班との相互比較を通して集団というものを知っていく」（大西忠治「集団主義の立場から」宮坂哲文編『現代学級経営2　学級づくりの理論と方法』明治図書）ことをめざしました。

しかし、実際の集団主義教育や学級集団づくりの「班」は、当時のソ連をはじめ共産圏のピオニール（少年団）そのものであり、集団を通じた自発的活動や奉仕の反面、子どもたちは他班や他班員の行動をたがいに監視しあい、問題があれば減点法で評定し、その競争によって最下位になった班には「ボロ班」「ビリ班」といった侮蔑的呼称が平然と与えられました。それは「ボロ班」や「ビリ班」の奮起を促す意味で、当然のこととされました。

この集団主義教育は教科学習のみならず、教科外教育（特別活動）などでも積極的に導入されました。漢字テストの班別平均点や計算問題の出来不出来、忘れ物の多寡、身だしなみ、休憩時間の過ごし方や清掃作業の姿勢までもが子どものあいだでたがいに監視され、減点方式によって査定されたのです。問題やトラブルがあれば、班全体で連帯責任が問われました。「助け合いと民主的競争」の名のもと、班全員が一定以上の点数をとるまで放課後の居残り学習が求められることもありました。

そのねらいは、個人の自発的な集団への帰属と奮起を促すことにありました。つまり、個々の子どもたちの班に対する自発的帰属と積極的な参加により集団は強化され、さらに個人の自発性は高まり、学習をはじめ活動に主体的に取り組むことで、集団がより強化され、強化された集団はやがて国家（自民党政権）による不当な権力や非民主的な支配に抵抗し、民主主義社会、究極には社会主義社会が実現する——そのように理想化されたのです。

『滝山コミューン一九七四』

しかし、集団主義教育の目的は子どもたちの自発的参加や学習を促すことにあっても、しだいに当初の目標や目的から大きく逸《そ》れていってしまいました。

集団主義教育や学級集団づくりでは、班競争が激化し、連帯責任と相互監視が厳しくなるあまり、子どもたちのあいだでは声高に「マイナス●点」と言い合いして、他者や他班を評価するようになりました。その結果、始業のチャイムを守れないことで減点を恐れるあまり、休み時間に外で遊ぶ子どもが減ってしまったといいます。

また、班競争が激化する学級ほど、学級内の雰囲気や友人関係も悪くなるなど、意図せずしてマイナスに働くことが多くなりました。授業中の討議（話し合い）の実践も、班集団内の同調ばかりが強化され、異なる考え方や少数意見が排除され、学級や班のなかで、多様な価値を認め合い、批判的または多元的な思考ができないなどの問題が小学生や中学生を対象にした調査からも明らかになりました（片岡徳雄編著『集団主義教育の批判』黎明書房）。

さらには、教師などの権威に対する盲従、集団に対する同化や従順の意識ばかりが強化され、極端な場合には、いじめなどの異分子を排除する全体主義に陥ってしまったのです。各個人が学級活動や班活動に主体的・能動的に参画しているように見えながら、そのじつ、当時のソ連のスターリン下の全体主義（スターリニズム）と同様、個人や個性の否定ばかりか、その抑圧がおこなわれるようになってしまいました。

左派教育運動は、戦後民主主義の個人や個性、自由、平等を理念として謳う一方、敵対勢力として自民党政権や文部省を位置づけ、それらに抵抗できる子どもや強い集団を育てるべく、学級集団づくりを提唱しました。ところが、その実践は前章で見た戦時下新教育と同じように、それもまた個を集団に埋没、抑圧させることになってしまったのです。

この逆説を実体験から論じた好著に政治思想史研究者の原武史さん（一九六二〜）の『滝山コミューン一九七四』（講談社）があります。原さんは一九七〇年代初頭の東京郊外の東久留米市滝山団地で児童期を過ごし、人口拡大に合わせて新設された公立小学校に通っていました。「政治の時代」の余韻が残っていた当時、原少年は全生研の「学級集団づくり」による集団主義教育がおこなわれていた小学校で、その生活を送りました。同書では、班競争、連帯責任、相互監視、異分子に対する自己批判や総括の追及が平然とおこなわれる学校や学級の様子とともに、逃げ場のない息苦しさや違和感をあますところなく論じています。

原さんは先に紹介した「水道方式」も批判しています。水道方式は「落ちこぼれ」に授業の照準を合わせすぎるあまり、それを採用した学級の授業は他とくらべて大きく遅れてしまう傾向にありました。原少年の母親は、水道方式を採用する公立小学校の授業を不安視し、地元学区内の公立中学校ではなく、国立・私立中学校の進学と受験に向けて、原少年をその名門である四谷大塚の日曜教室に通わせることになります。

言うまでもなく、中学受験の世界には、水道方式も、学級集団づくりもありません。原少年は、集団主義や団体行動のない、個人の筆記テストの成果（学力）のみで一元評価される中学受験の世界に自らの居場所を求め、小学校卒業後は私立中学校（慶應義塾普通部）に進学し、地元の滝山団地（滝山コミューン）から離脱していきました。

集団や平等を強く意識した学級集団づくりや集団主義教育、「楽しい授業」を掲げた水道方式は、子どもたちの学びへの自発的参加を促し、知識の詰め込み教育や受験教育を否定し、その克服をめざしました。ところが、集団による個人の抑圧に加えて、家庭環境に恵まれた学力上位層の子どもたちは中学受験を志向し、詰め込み教育と受験体制をかえって強化することになってしまったのです。

第四章　平成教育史の〈アクティブラーニング〉

——新しい学力観・総合的な学習の時間

私たちのタイムマシンはいよいよ平成期に戻ってきました。ある公立中学校の生徒たちが「総合」と呼ばれる時間に高齢者施設の様子やこれからの福祉のあり方について発表しています。彼らは発表に向けて、施設を訪れ、地域のお年寄りのみなさんと歌を歌ったり、昔話をうかがって交流の機会をもつなど、有意義な時間を過ごしたようです。

1　平成教育史を描く

アクティブラーニングまでの三〇年

昭和から平成に年号が変わり、三〇年が経過しました。「降る雪や　明治は遠く　なりにけり」(中村草田男)どころか「昭和は遠く　なりにけり」がしだいに現実になってきました。その平成も二〇一九年四月末で幕を閉じます。直近三〇年の平成史を論じることは可能でしょうか。

小熊英二さんらは二〇一二年に『平成史』(河出ブックス)を刊行し、平成に入ってからの社会各分野の歴史的変遷を辿りつつ、今日の私たちの存在する地点までの過程を反省的、批判的に検証しています。同書は遠い昔や過去の話ではなく、昭和後期からバブル経済に沸いた数年間、そしてその崩壊後の長期の不況と人口減少を経験するなかで、私たちが政治・経済・社会に何を求め、失ってきたのかを記録と記憶を頼りに丁寧に検証しているところが特徴です。

さて、日本の学校教育の歴史において、「平成」という年号を起点に論じるには非常に都合の良い側面があります。

もちろん偶然ですが、年号が変わって二ヵ月後の一九八九（平成元）年三月に学習指導要領が改訂・告示されました。これはその後の学習指導要領の内容や学校教育のあり方に大きな影響を与えます。主体的・対話的で深い学びやアクティブ・ラーニングの視点を含む二〇一七年改訂・告示の学習指導要領のなかには、この当時に提起された内容や用語が含まれているところも特徴です。

たとえば、「自ら進んで学び考える力」や「思考・判断・表現」といった「新しい学力観」がそうでしょう。また、同じ年には小学校低学年で活動や経験を重視する生活科が導入されることになりました。後の一九九六（平成八）年には「生きる力」という言葉が中央教育審議会のなかで議論の対象になっています。

さらに、その後の二〇〇二年（高校〇三年）実施の学習指導要領では、完全学校週五日制の導入にともない、学習内容を三割削減し（いわゆる「ゆとり教育」）、「総合的な学習の時間」が小学校三年次から高校まで週三時限設けられることになりました。二〇〇八年（高校〇九年）に改訂・告示された学習指導要領は、二〇〇七年に学校教育法が一部改正されてからのはじめての改訂で、いわゆる「学力の三要素」が反映されました。同法の第三〇条二項にあるように、また、第一章でも触れたように、学力の三要素とは①基礎的な知識・技能、②思考力・判断力・表現力、③主体的な学習態度を指します。

二〇一〇年代にブームになったアクティブ（・）ラーニング、そして二〇一七年に改訂・告示された学習指導要領の目玉である主体的・対話的で深い学びは、一九九〇年代に提案・導入された新しい学力観である「自ら調べ考える力」や総合的な学習の時間などと理念的に連続していることが明らかです（もちろん、なかには名称など若干変更されたものもあります）。

つまり、「自ら主体的に学び考える子どもを育てる」という現在のアクティブラーニングにつながる基本コンセプトは、平成教育史を貫く重要な要素であったのです。

とはいえ、いきなり「平成」から話をはじめるわけにはいきません。平成教育史に至るまでの歴史的な経過を吟味しておく必要があるからです。そこで、時計の針を少し戻して、昭和後期の一九七〇年代・八〇年代あたりから話をはじめることにしましょう。

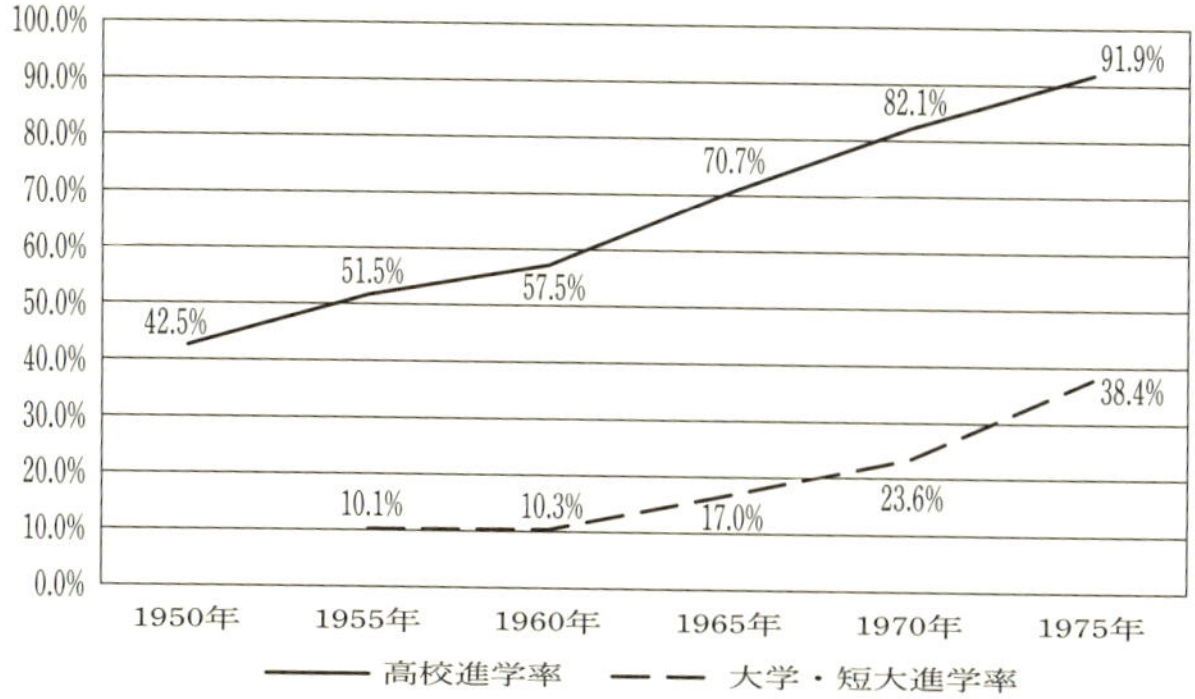

出典　文部科学省『学校基本調査』各年度版より筆者作成

〔図表4-1〕高校進学率、大学・短大進学率（全国・1950～75年）

キャッチアップ型社会の終焉

一九五〇年代半ば以後、日本は高度経済成長のなかで、飛躍的な拡大と発展を遂げました。

朝鮮戦争（一九五〇～五三年）を契機にした特需景気から一九七〇年代前半のオイルショックまでの時期に、毎年一〇パーセント超の経済成長がもたらされ、多くの人びとが物質的な豊かさを享受できるようになりました。一九六八（昭和四三）年には日本の国民総生産（GNP）はアメリカについで世界第二位へと躍進しました。それは、明治以来、欧米先進各国に追いつき追い越すことをめざしてきた日本のキャッチアップ型近代化の完成を意味しました。

学校教育でも、多くの中学生が豊かさを背景に高校に進学できるようになりました。高校進学率や大学・短大進学率は大きく伸び、高学歴化が進んでいきました〔図表4－1〕。それだけ学歴の価値は高まりつつ、学歴主義は日本社会に広まりました。

東京大学を頂点とするピラミッド構造のなかで、より難易度の高い名門大学に入学希望者が殺到しました。受験競争に勝ち抜くためには、知識の詰め込み量（暗記量）が学力として問われ、その学力は「偏差値」という数値によって示され、一点刻みの得点で合否の線引きがおこなわれました。大学卒業予定者を採用する企業や団体なども、それぞれの学生が大学で何を専攻・専門としたか、どのような知識や技能を修得したかよりも、どこの大学を卒業したのかを評価するという点で、日本の学歴社会は事実上「学校歴社会」でした。学校歴社会の成立を背景に、名門難関大学の受験や進学に有利な高校、中学校、果ては小学校や幼稚園の選択までもが親子の関心事となり、受験競争は低年齢化していきました（小針誠『〈お受験〉の歴史学』講談社）。

ところが、念願叶って入学した大学の多くの講義は、教授が大教室で、多数の学生を相手に、一方的に自説を論じるものでした。一方通行の講義は明治以来の大学の伝統的な授業スタイルでした。しかし、一九七〇年代・八〇年代以降の「大衆化した大学」には、もはや一方通行の大講義は通用しませんでした。それは、多くの学生の期待を裏切り、学ぶ意欲を削ぐものとなってしまいました。というのも、大学はそれまでのエリート中心の学問や研究の場から、アルバイトやサークルなどの人間関係を中心とした人間形成の場になり、社会人になる前の安息の場を意味する「大学レジャーランド」へと大きく変貌していたからでした（新堀通也編『現代のエスプリ　大学生　ダメ論をこえて』至文堂）。

当時の大学生といえば、大学という名の「レジャーランド」で、学問や勉強に熱心に励まずとも、直前の一夜漬けで要領よく試験を乗り切り、必要な単位を修得して卒業していきました。さらに好景気が追い風になって、彼らは卒業後にスムーズに就職できた幸運な世代でした。

その一方で、一九七〇年代以降は、さまざまな教育や子どもの問題が明らかになり、マスコミを通じて批判的に論じられるようになります。前章で見た「新幹線授業」による「見切り発車」で発生した落ちこぼれとともに、いじめ、不登校、高校中退、校内暴力といった問題が発生しました。その背景には、過度の受験競争や管理教育体制などがあるとされ、日本の学校教育の「負の特徴」として批判の対象になります。

あるいは、国際化、情報化、高齢化など、社会全体が変化し、個々人のライフスタイルも変わり、自由・個性・自己実現といった諸価値が尊重されるようになると、日本社会の変化にあわせた教育改革が提起されるようになりました（藤田英典『教育改革』岩波新書）。

2 「ゆとり」の登場

一九八〇年代の「ゆとりのカリキュラム」

今日の日本で「ゆとり教育」というと、一九九八年に改訂・告示された学習指導要領をイメージする人も多いでしょう。私たちにそれほどまでに強いインパクトを残しているのは、ゆとり教育をめぐって展開された学力論争が未だ記憶に新しいからでしょう。

しかし、日本ではじめて「ゆとり」という言葉が学習指導要領に登場し、本格的に導入されたのは一九七七年に改訂・告示され、一九八〇年より全面実施された「ゆとりのカリキュラム」でした。つまり、一九八〇年代からその後の三〇年間の日本の教育はずっと「ゆとり」路線だったのです。

「ゆとり」を旨とする学習指導要領の改訂の背景には、これまでの日本の学校教育では、子どもの興味、関心、意欲がじゅうぶんに配慮されないまま、知識の詰め込みばかりが重視され、消化不良を起こした「落ちこぼれ」が大量発生することになった、との認識がありました。この反省に立って、教育や子どもの諸問題に対応するために、一九七〇年代になると、子どもの学習負担の適正化に向けた教育における「ゆとり」や、脱・暗記教育に向けて、児童・生徒の主体性や興味・関心の重視が提案されることになりました。

「学習負担の適正化」をめざして最初におこなわれたのは、授業時間や教育内容の削減でした。小学校六年間の授業時数は一九八〇年度より五八二一時限から五七八五時限へ、中学校にいたっては三年間で三五三五時限から三一五〇時限へと一割以上の授業時数が削減されました。

ゆとり教育──「非常に評判が悪く、失敗だった」

しかし、一九八〇年代の「ゆとりのカリキュラム」に対する学校現場の評判は芳しいものではありませんでした。中学校の英語の標準授業時数が週四時限から週三時限に削減されたことを受けて、「生徒たちの忘却度が高い」「基礎基本が定着しない」「教科書の内容がこなせない」「落ちこぼれの原因になっている」などの問題点が学校教育の現場より早い時期から指摘されていたのです。知育偏重の是正を目的に実施されたはずの「ゆとりのカリキュラム」をめぐって、その目的はじゅうぶんに達成されているのかと厳しい批判を受けることになりました。

また、私立学校は学習指導要領の影響をあまり受けなかったこともあり、なかには、公立学校の「ゆとり教育」を避けて、小・中・高校段階で、私立の進学校に「脱出」してしまう児童や生徒もいました。

　学習指導要領の全面実施から四年後の一九八四（昭和五九）年一〇月、第二次中曽根《なかそね》康《やす》弘《ひろ》内閣の森喜朗《もりよしろう》文部大臣（二〇二〇年の東京オリンピック・パラリンピック競技大会組織委員会会長）は、ある講演において、ゆとり教育について「非常に評判が悪く、失敗だった」と発言しています。この記事を掲載した日本経済新聞は、現職の文部大臣がゆとり教育を失敗と認めた以上、今後の教育改革論議にも波紋を投げかけるだろうと報じています（「『ゆとり教育』失敗　森文相が認める」『日本経済新聞』一九八四年一〇月二一日朝刊）。

　ところが、この発言が波紋を呼ぶことはほとんどありませんでした。むしろ教育における「ゆとり」という言葉は、徘徊する亡霊の如く、その後三〇年近くにもわたって日本の教育界に憑依《ひょうい》しつづけ、支配するにまで至ってしまうのです。

臨時教育審議会の発足

「戦後政治の総決算」を謳って成立した中曽根内閣は「行政改革」「税制改革」と並ぶ政権課題のひとつに「教育改革」を掲げました。さまざまに山積する日本の教育問題や課題を受けて、首相直属の臨時教育審議会（一九八四年八月～一九八七年八月／臨教審と略される）

が設置されたのです。この臨時教育審議会の内容がのちのアクティブラーニングにつながる平成教育史の重要なターニングポイントになっています。

臨時教育審議会は、学歴偏重社会や過度な受験競争、いじめ・非行などの問題行動の原因を学校教育の荒廃に求め、子どもたちの人間としての尊厳、価値、個性、自主性がじゅうぶんに尊重されていないという認識に立って議論が進められます。

以下の「教育改革に関する第四次答申（最終答申）」（一九八七年八月）の一節は、これまでの教育や社会に対する認識とこれからめざす教育や社会への提案をよく表している内容です。それぞれの傍線の種類によって、「これまで」と「これから」を区別しながら論じてみたいと思います。

> 今次教育改革において最も重要なことは、これまでの我が国の根深い病弊である画一性、硬直性、閉鎖性を打破して、個人の尊厳、個性の尊重、自由・自律、自己責任の原則、すなわち「個性重視の原則」を確立することである。この「個性重視の原則」に照らし、教育の内容、方法、制度、政策など教育の全分野について抜本的に見直していかなければならない。〔中略〕これからの社会においては、知識・情報を単に獲得するだけではなく、それを適切に使いこなし、自分で考え、創造し、表現する能

力」が一層重視されなければならない。

この答申を受けて、これまでじゅうぶんではなかった児童や生徒の学びの主体性や意思についても評価の対象とすることが述べられました。これは後述の観点別学習評価として具体化されます。教育の自由化、ゆとりと個性重視の原則、学校の機能縮小については、学校週五日制や公立学校の選択の自由化、学校運営における効率性の重視が提案されました。このほか、生涯学習社会への移行や国際化・情報化への対応（二〇一〇年代風にいえば、生涯にわたり学び続ける力、グローバル化・ICT化への対応）も提言されました。

この基本認識は、先行き不透明な未来の社会経済においては、明治近代以来の知識の詰め込み教育や受験エリートでは対応できない、だからこそ、従来の受動的な知識の詰め込み教育に代わって、子どもの主体性を活かした指導や学びに改めるべきである――二〇一七年どころか、一九八〇年代の教育改革をめぐる議論でも、ほぼ同じ論理が採用されていたことがわかります。つまり、日本の教育界は、三〇年以上も前から未来社会の不透明さを謳い（そもそも未来とは予測困難で不透明なものです）、それにもとづいて将来を担う子どもの主体的な学びを提言し、教育改革を進めてきたのです。

しかしこの三〇年間、日本のカリキュラム政策は「新しい学力観」「生きる力」「ゆとりと厳選」「確かな学力」「アクティブ・ラーニング」「主体的・対話的で深い学び」などのスローガンをその都度上塗りしてきただけで、それぞれについてのじゅうぶんな政策評価や検証がおこなわれているようには見えません。

これまでの三〇年間のカリキュラムをめぐる政策や改革はいったい何だったのでしょうか。

「生きる力」へ

一九九〇年代以降の中央教育審議会においても、先の臨時教育審議会の答申を踏襲するかたちで、今後の教育のあり方が議論、提案されました。

一九九七年六月に提出された第一六期中央教育審議会・第二次答申「21世紀を展望した我が国の教育の在り方について」では、今後の教育について、「ゆとり」のなかで「生きる力」をはぐくむことをめざし、個性尊重という基本的な考え方に立って、一人ひとりの能力・適性に応じた教育を展開していくことが必要であり、こうした認識に立って、わが国の教育の在り方を見直し、形式的な平等の重視から、個性尊重への転換が必要である。また一人ひとりの能力に応じた教育を実現するうえで、教育における選択の機会や、学校・地方公共団体等の裁量の範囲の拡大が必要であると述べられています。

臨時教育審議会も中央教育審議会も、これまでの日本の教育のあり方を「画一性」「形式的な平等」「硬直性」として批判し、これからの教育のあり方として「個性尊重」「個性化」「自由化」「自己責任」「地方分権」について説いています。

教育や学校の個性化に向けた提言を受けて、一九九四年には公立中高一貫校や高校教育における総合学科が新設され、一九九九年には日本初の公立中等教育学校（六年制）である宮崎県立五ヶ瀬《ごかせ》中等教育学校が創立されました。義務教育段階の公立学校における選択の自由化（通学区制度の弾力化）についても、二〇〇〇年度の東京都品川区における導入には大きな注目と関心が集まりました。ただ、いずれも地域住民の要望というよりも、それぞれの首長の意向による政治主導の教育改革として実施されたものでした。

他方、これまでの日本の教育を、過度な受験競争による「詰め込み教育」と位置づけたうえで、教育における「創造性」「考える力」「生きる力」「ゆとり」の意義が強調されました。

これから論じるように、臨時教育審議会の提起した内容は、今日に至るまで、学力やカリキュラム改革の面では非常に大きな影響があったことがわかります。

3 「新しい学力観」

旧い学力観と新しい学力観

平成に入ってはじめて改訂・告示された学習指導要領を見てみましょう。この学習指導要領で、さかんに強調されたのが「新しい学力観」に立った学習指導でした。文部省は、一九九三年に刊行した文書のなかで、新しい学力観を、「自ら学ぶ意欲や、思考力、判断力、表現力などを学力の基本とする学力観」と説明しています。さらに、子ども自身の興味や関心が重視され、子どもたちの主体的な体験や活動を通じて、課題発見と課題解決の学びが提案されたのです（文部省『新しい学力観に立つ教育課程の創造と展開』東洋館出版社、傍点引用者）。

それに対して、「旧い学力」とは、旧来の画一教育や一斉授業、または記憶力・暗記力中心の詰め込みを通じて獲得された知識や技能を指します。テストの成績や入試に向けた勉強は他者に動機づけを依存し、ときに強制をともなう外発的な学びでした。子どもを「学びの主人公」と見立てたときに、旧い学力の育成は子どもたちの学びの主体性や能動性を欠くものと批判されました。さらに、個性や創造性の欠如も「旧い学力」の問題点として厳しく指摘されました。文部（科学）省は明治以来の学校教育における学びの中心であった「旧い学力」を乗り越えようと、「新しい学力」による教育や学びに転換することで、個々の子どもを主人公とする学校づくりをめざしたのです（苅谷剛彦『教育改革の幻想』ちくま新書）。

しかし、新しい学力が旧い学力に対置されるとき、一方の旧い学力を悪玉とみなし、もう一方の新しい学力を善玉とみなす、偏った二項対立的な発想や議論に陥りがちでした。また、旧い／新しい両学力の関連や関係については、ほとんど注目されることはありませんでした。

それにもかかわらず、思考力・判断力・表現力をポジティブに評価しようとする新しい学力観は、その後の一九九〇年代の「生きる力」、二〇〇〇年代の総合的な学習の時間や学力の三要素、そして二〇一〇年代のアクティブラーニングまたは主体的・対話的で深い学びの視点に、多少の変化をともないながらも、ほぼ地続きで提案、実施されていくことになるのです。

観点別学習評価

一九八七年一二月に教育課程審議会より、次期・学習指導要領の改訂に向けて、「日常の学習指導の過程における評価については、知識理解面の評価に偏ることなく、児童生徒の興味・関心等の側面を一層重視し、学習意欲の向上に役立つようにするとともに、これを指導方法の改善に生かすようにする必要がある」（傍線引用者）との答申「幼稚園、小学校、中学校及び高等学校の教育課程の基準の改善について」が発表されました。

この答申を受けて、以後の学校の指導要録では、観点別学習状況の評価が導入されました。なお、指導要録とは児童・生徒それぞれの学籍や指導（学習やその他活動など）について記録する原簿で、学期末に受け取ることが慣例になっている通知表はこの指導要録をもとに作成されています。

その指導要録において、多くの教科では「関心・意欲・態度」「思考・判断」「技能・表現」「知識・理解」にわたって多面的に評価されることになりました。これを観点別学習指導状況の評価といいます。教師は個々の児童・生徒の「知識・理解」（旧い学力）のみならず、「関心・意欲・態度」「思考・判断・表現」といった新しい学力の観点も含めて、幅広く評価することになったのです。

また、観点別学習評価による評定（いわゆる段階別評価）は、あらかじめその配分が決められている相対評価（五段階評価の場合、理論的には「5」と「1」：七パーセント、「4」と「2」：

二四パーセント、「3」：三八パーセントの割合で配分する）ではなく、教師の裁量によって、その配分を変えることができる絶対評価を基本とすることになりました。その背景には「知識・技能」は〝見える学力〟、それに対して「関心・意欲・態度」や「思考・判断・表現」は〝見えない学力〟として〝見える学力〟を支えていると考える、独自の学力観がありました。

この観点別学習評価もまた、二〇〇七年の学校教育法の一部改正やアクティブ・ラーニングにおける学力の三要素（第一章参照）の「個別の知識・技能」「思考力・判断力・表現力」「主体的な学習意欲・関心・態度」（のちの「関心・意欲・態度」）の原型として見ることができます。

生活科の新設

一九八九年改訂の学習指導要領の大きな変更点は、新しい学力観に則って、中学校では選択科目の履修の幅が広がる一方、小学校低学年では社会科と理科が廃止され、生活科が新設されたことでした。

生活科の起源は、半世紀前の一九六七（昭和四二）年の教育課程審議会答申にまで、さかのぼることができます。そこで小学校低学年の社会科と理科の教育のあり方をめぐって、児童の発達段階にふさわしい新しい教科の設置が提案されました。幼稚園と小学校のあいだの教育上の隔たり（いわゆる小一ギャップ）を解消し、スムーズに小学校教育に移行・順応させる必要性、子どもの自然離れ、基本的な生活習慣や生活技能の欠如への対応、従来の低学年の社会科と理科は社会認識や自然認識を育むことにばかり傾注しすぎていたことへの批判的な問題意識が背景にありました。

新設された生活科は、①自分と人・社会との関わり、②自分と自然との関わり、③自分自身との関わりの三点を基本的な視点に、直接的な体験活動を通じた学び《アクティブラーニング》が重視されました。①自分と人・社会との関わりでいえば、「学校探検」や「地域探検」をおこない、児童が学校内外のさまざまな場の役割や他者との関わりを理解し、発見したことを話し合ったり、②自分と自然との関わりでは、校内で動植物を育てたり、校外に出て草花や昆虫などの自然と直接触れあう機会が設けられ、それらを通じて③社会や自然など身の回りから自己理解、自己成長につながるものとされました。生活科は「自ら調べ考える力」を重視した「新しい学力」に通じる内容でした。

ところが、実施当初、社会科と理科教育の専門家や小学校教師を中心に、多くの批判が寄せられました。それは生活科が活動や体験中心で、三年生以上の社会科や理科につながる社会認識や自然認識を踏まえた学力が定着しないのではないかという危惧や、客観的に学力を測定、評価できないことに対する懸念でした。

そこで、一九九八年告示の学習指導要領では「知的な気付き」が、二〇〇八年告示のそれでは「気付きの質を高める」ことが重視されるようになりました。いずれも、初期生活科の実践において、経験や体験が重視されるあまり、知的な学びが欠落しているのではないかという批判に対応して登場した内容です。二〇〇八年告示の学習指導要領では、実社会や実生活で活用できる能力（キー・コンピテンシー）を育む教科としても生活科は位置づけられています（文部科学省『小学校学習指導要領解説　生活編』日本文教出版）。

4　「生きる力」と総合的な学習の時間

「生きる力」は学校教育で育むことができるのか

新しい学力観は、一九九〇年代・二〇〇〇年代・二〇一〇年代のいずれの時代でも、子どもたちの学びや学力を考えるうえでの基本的な枠組みとして貫かれてきました。

第一五期中央教育審議会の第一次答申「21世紀を展望した我が国の教育の在り方について」（一九九六年七月）は、「生きる力」が「ゆとり」とともに提言されました。これは新しい学力観を具体化する内容でした。

まず、「生きる力」とは「いかに社会が変化しようと、自分で課題を見つけ、自ら学び、自ら考え、主体的に判断し、行動し、よりよく問題を解決する資質や能力」や「自らを律しつつ、他人とともに協調し、他人を思いやる心や感動する心など、豊かな人間性」であり、「たくましく生きるための健康や体力」も含めて説明されています。

その「生きる力」を達成するためには、学校教育において、子どもの意欲や興味・関心を重視し、活動や体験を採り入れた学習を展開することで、問題解決能力や自ら学ぼうとする意欲が生まれ、育まれると考えられました。その「生きる力」を育むべく一九九八年改訂・告示の学習指導要領により、教科の枠を超えた横断的な学習の時間である「総合的な学習の時間」が新設されることになりました。

小・中学校では二〇〇二年（高校では二〇〇三年）から、小学校三年生から高校三年生まで、およそ週三時限の「総合的な学習の時間」が実施されることになりました。同時に、教育における「ゆとり」をめざして、二〇〇二年から完全学校週五日制（土曜日と日曜日は休日）の実施と、それにともなって学習内容を三割削減することになりました。これが、記憶に新しい二〇〇〇年代初頭のゆとり教育の内容であり、一九八〇年代以降のゆとり路線の完成形です。

総合的な学習の時間のねらいは、自ら課題を見つけ、自ら学び、自ら考え、主体的に判断し、よりよく問題を解決する資質や能力を育てること、学び方やものの考え方を身につけ、問題の解決や探究活動に主体的、創造的に取り組む態度を育て、自己の生き方を考えることができるようにすることでした。その実践例として「国際理解、情報、環境のほか、ボランティア、自然体験などについての総合的な学習や課題学習、体験的な学習等」が挙げられています。その実施にあたっては、子どもたちの発達段階や学校段階、学校や地域の実態等に応じて、各学校の判断によりその創意工夫を生かして展開することが求められています（中央教育審議会第一次答申、一九九六年七月）。

総合的な学習の時間は、新しい学力観としての「思考・判断・表現」とそれを実現するための「資質・能力」や「主体的な学び」を重視したものです。それゆえに、アクティブ・ラーニングの先駆けとして、総合的な学習の時間を位置づけることも可能でしょう。二〇〇二年時点から未来の学校教育をみると、現在のアクティブラーニングや主体的・対話的で深い学びの姿がおぼろげながら見えてきたのではないでしょうか。

「お店屋さんごっこ」の悲劇

しかし、「生きる力」の理念はすべての子どもたちに共有され、総合的な学習の時間を通じて主体的・対話的で深い学びを達成することはできたのでしょうか。

わたしは職業柄、小学校の授業風景や教員研修会などに立ち会うことがたびたびあります。総合的な学習の時間が実施されはじめた頃、ある地域の公立小学校で「総合」の研修会に参加し、授業を見学する機会がありました。わたしが見学したのは四年生の授業でした。その日のテーマは五名一グループになっておこなう「お店屋さん」。かつての戦後新教育では「ごっこ遊び」、最近ではロールプレイ（役割演技）と言われ、当時の多くの学校の総合的な学習の時間で採り入れられていました。

その日の授業の指導案によれば、物の売買行為を通じて、計算する知識の活用を確認・復習するとともに、商品の野菜、果物、魚の名前を通じて理科を、身近な生活にある買い手と売り手のあいだにある需要と供給については社会科を、さらに店員と客との売買をめぐるコミュニケーション（国語や道徳）について、総合的な学びをめざすことにありました。

これは教科融合型の合科学習であり、体験や活動を通じて、児童の主体性や「生きる力」の育成をめざしています。長らく教育学では高い評価を受け、実現をめざしてきた教科横断的な協同学習といったところでしょうか。まさに主体的・対話的な学びです。さて、深い学びになっているでしょうか……。

「いらっしゃいませ」「こちらは安くて新鮮ですよ」「もっと安くならないかしら」。

教室では、威勢の良い児童たちの声があちらこちらから聞こえてきます。そのやりとりは日常生活で児童が目にしている店員と家族の様子でしょうか。

わたしはひとつのグループの「お店」の様子をずっと眺めていました。しばらくすると、児童の役割がほぼ固定していることに気づきました。つまり、店員さんとお客さんは同じ児童、児童、または同じ児童が両者の役割を交代しているに過ぎないのです。店員役の児童が今度は客役に、客役の児童は店員役に、というふうに役を代えていくだけなのです。

すると、お店の横で、店員と客とのやりとりを横目でみながら、ずっと掃き掃除の仕草をしている児童がいました。何をしているのだろうと思い、その子に近づいてそっと尋ねてみました。

小針「何をしているの？」
児童「お店のお掃除をしているの」
小針「店員さんとかお客さんはやらないの？」
児童「ううん、わからないから、いいの」
小針「おもしろい？　楽しい？」

児童「…………」

そして、授業が終わった後に、担任の先生に、その児童について尋ねてみることにしました。すると、この児童は、かけ算や割り算といった計算の基礎、友人と言葉を交わすなどのコミュニケーションが不得手のまま、四年生まで進級したようです。そのため、即座に計算が求められたり、店内で客と店員とのあいだで交わされるコミュニケーションはどうも苦手のようでした。だからこそ、この児童はグループのほかのメンバーに迷惑をかけまいと、売買行為から外れたところでお掃除役として関わっていたのです。

それにもかかわらず、お掃除役として、「お店屋さんごっこ」という協同学習やロールプレイを通じた学習活動に「参加」しようとしている児童に、わたしはい、い、い、いじらしさを覚えてしまいました。

「新しい学力」から疎外される子どもたち

もちろん、「お店屋さんごっこ」において、お店の掃除を担当する役割も非常に大切です。しかし、それぞれの教科で学習した知識の再確認、または活動や体験を通じた知識の活用や再構成という指導案の目標に照らし合わせると、どうでしょうか。

これまで児童たちは算数の授業やドリル学習を通じて、たとえば150×1+30×5=300という数式で示された内容を学習していたといいます。

この計算の知識を踏まえて、「一五〇円のリンゴ一個と三〇円のみかん五個を買うと三〇〇円になる」という実社会や実生活での活用の仕方を学ぶことがこの授業の目標になっていたはずです。ところが、先のお掃除役の児童は、「お店屋さんごっこ」の体験のなかで、友人との対話を通じて、知識の活用を学ぶ絶好のチャンスを逸したように映るのです。この児童には、対話的な学びも、深い学びも達成されているようには見えませんでした。そもそも主体的に参加し、学んでいたかどうかも……。

「主体的な参加型学習を通じて、知識の活用の仕方を学ぶ」という教育目標は非常に理想的で、何人も否定できないほど魅力的です。しかし、お掃除役の児童にとっては、ともすればロールプレイという体験や活動を採り入れた授業もまた疎外の場になってしまったのです。すなわち、公立小学校や中学校のように、児童や生徒の家庭環境や基礎学力の格差が顕著な場では、活動や体験を通じて学習する態度や意欲は、格差をともないながら、露骨かつ残酷に、白日のもとにさらされてしまうのです。

教師がもう少しその児童に配慮すべきだったのに……という意見もあるかもしれません。特定の児童に役割が固定化しないように、教師が時間を区切ったり、交代の指示を出すなどの配慮や「授業改善の視点」があってもよかったかもしれません。しかし、計算やコミュニケーションが苦手なこの児童が仮に「店員」役に回れば、結局のところ、店員役と客役とのあいだの売買行為そのものが滞ってしまうかもしれません。教育的配慮から、この児童に対して店員役を与えてしまう教師の「優しさ」が、ともすれば、その児童に非常に残酷な役割や時間を与えてしまうことになるのです。教師の教育的配慮によって、児童の劣等感や疎外感がさらに増幅されることも考えられます。

この児童が店員や客として参加し、学べるようにするにはどうすればよかったのでしょうか。

旧い学力が新しい学力を育てる

二〇〇一年に苅谷剛彦さんらが公立小学校・中学校の児童と生徒におこなった「新しい学力観」についての調査結果は先の「お店屋さんごっこ」を含めたアクティブラーニングを考えるうえで、非常に示唆的です（苅谷他『調査報告「学力低下」の実態』岩波ブックレット）。それによると、先の「お店屋さんごっこ」はわたしが目撃した特別な出来事や偶然ではなさそうです。

この調査報告書の興味深い点は、新しい学力（意欲や態度）と旧い学力（基礎学力：知識・

	旧い学力	①調べ学習への取り組み	②調べる授業への意欲	③考え・意見を発表する授業への意欲
小学校	上位	58.1	45.2〔15.9〕	50.4〔17.8〕
	中の上	56.3	51.3〔14.4〕	56.7〔13.3〕
	中の下	50.8	42.9〔24.1〕	42.9〔21.4〕
	下位	36.2	37.7〔30.0〕	36.9〔31.2〕
中学校	上位	51.0	49.9〔15.9〕	38.6〔24.8〕
	中の上	38.8	42.8〔22.2〕	26.9〔32.5〕
	中の下	32.6	42.5〔25.6〕	28.3〔34.9〕
	下位	26.1	36.5〔32.3〕	31.9〔34.2〕

出典　苅谷・志水・清水・諸田（2002）『調査報告　「学力低下」の実態』岩波ブックレットより筆者作成

註　①は「とても当てはまる」「まあ当てはまる」、②と③は「とても受けたい」「まあ受けたい」と回答した者の合計（％）で、〔括弧内〕の数字は「全く受けたくない」と回答した者の割合を指す

〔図表4－2〕「旧い学力」と「新しい学力」との関係（％）

技能）との関連を分析しているところにあります〔図表4－2〕。

「新しい学力」の態度や意欲については、①調べ学習の時には積極的に活動する、②自分たちが調べる授業を受けたいと思う、③自分たちの考えを発表したり、意見を言い合う授業を受けたいと思う、の三点について、「旧い学力」である知識・技能の基礎学力の程度（上位・中の上位・中の下位・下位）との関連を分析しています。

まず、①の調べ学習に取り組む「態度」について見ると、教科の内容の理解が不十分な児童や生徒は「調べ学習」に対する態度は消極的になる傾向が観察されます。また、②や③の新しい学力観による授業を受けたいかどうか、その「意欲」についても同様に、基礎学力上位グループでは「受けたい」という児童・生徒が多くなるのに対して、基礎学力下位

グループになると「全く受けたくない」が高まります。

さらに、この調査では社会階層による家庭環境の影響についても分析しています。それによると、家庭環境が恵まれた児童や生徒ほど、調べ学習に積極的に取り組み、グループ学習のときはまとめ役になることが多いのです。つまり、文部科学省による「新しい学力観」や「生きる力」の考え方によれば、体験や活動を通じて、子どもたちの学習意欲が高まり、自ら学ぶ力も生きる力も伸びていくはずです。ところが、この調査結果は、学習意欲が高まる手前で、活動的・体験的な学習に主体的・能動的に関わることのできない児童や生徒が教室内にいることを示しています。すなわち、「新しい学力」に対する意欲や態度は、家庭背景や基礎学力の影響を大きく受けながら形成されていると言えるでしょう。それは、家庭の経済力や文化的背景、保護者の教育的関心の有無を通じて規定されているのです。

一九五〇年代に、アメリカの教育心理学者であるベンジャミン・ブルーム（一九一三〜一九九九）によって提唱された教育目標のタキソノミー（分類学）は総合的な学習の時間の目標設定や実践とも非常に適合的な内容です。つまり、教育目標には、知識、理解、応用、分析、統合、評価の六階層があり、知識と理解なしには、応用、分析、統合、評価には到達できないというものでした。タキソノミーは新しい学力観、総合的な学習の時間、そしてアクティブラーニングを考えるうえで参照すべき理論でしょう。

「社会的な学習」から「自己発見の学び」へ

ここまでの歴史を見てくると、平成の新しい学力観や総合的な学習の時間を大正新教育や戦後新教育の再来としてとらえる向きもあるかもしれません。しかし、単純に両者を同一視できない側面があることにも注意を向ける必要があります。

教育社会学者の岩木秀夫さんの議論を参考に説明すると、前章で見た戦後新教育の目標は、戦前の社会や教育に対する批判をうけ、問題解決学習や生活単元学習など経験主義の原理をもとに、日常生活のフィールドワーク、地域社会の調査や見学、コア・カリキュラムといった方法や内容を通じて、社会や生活の成り立ちを子どもたちに主体的または科学的に認識させることを目標とした「社会的な学習」でした。

それに対して、一九九〇年代以降の新しい学力観やそれにもとづく問題解決型・体験型学習である総合的な学習の時間は、戦後新教育と同じように、日常生活経験のフィールドワークや合科的な方法による学習活動ではあっても、最終的にめざされるのは社会や生活上の問題解決ではなく、自分自身による自分自身の新たな発見、つまり「自己発見の学び」なのです（岩木秀夫『ゆとり教育から個性浪費社会へ』ちくま新書）。

「社会的な学習」と「自己発見の学び」の目標は大きく異なります。

まず、目標や対象は、自己や個人の外側にある生活や社会（社会的な学習）から、自己や個人の内面の心理・こころ（自己発見の学び）へと大きく転換しました。

戦後新教育において新設された社会科では、経験的または合科的な学習を通して、民主主義的な社会における生き方を、生活者として主体的に学び、問題解決することに主眼が置かれていました。

これに対して、総合的な学習の時間をはじめとする「自己発見の学び」では、教科の枠を超えた社会や生活を学習の対象としていても、それは単なる対象に過ぎず、社会や生活上の矛盾を発見し、問題解決を志向する意識は希薄です。子どもたちに求められるのは、社会の矛盾の発見や社会構造の変革ではなく、「フィードバック」あるいは「リフレクション」などと呼ばれる自己反省（ふりかえり）の営みです。自己発見の学びにおいて、積極的な社会変革の関心や態度は、学校や教師、国や社会から忌避される可能性が高くなります。それよりも現状の社会や生活を個人としてありのまま受け容れることを前提にした「自己発見の学び」が奨励されるのです。

それは各自が「どのような内容をどのような方法で学習してきたか」のみならず、同時に学習に関わってきた自分自身の内面（こころ）のありようを学習者個々人が絶えず確認する作業です。そこで大切なのは、個人の学びに対する印象や感想(おもしろかった／つまらなかった)、または個人がどんなことを学んだのかといった個人の成果に限定されます。あたかも他者と協働・対話する学びのように見えながら、それはあくまで手段であり、究極的には個人が自身のためにおこなう個人化された学びに過ぎないということになります。

5 「確かな学力」、そしてアクティブラーニングへ

総合的な学習の時間とPISAショック

二〇〇二年一月、学習指導要領の本格実施の直前、学力低下やその元凶として考えられたゆとり教育に対する批判に応えるために、遠山敦子・文部科学大臣(当時)は「学びのすすめ」を緊急発表しました。「学びのすすめ」は学校における補習や宿題を通じた家庭教育を奨励することで、基礎基本の重視をはじめとする「確かな学力」を身につけてほしいと呼びかけたものでした。

この「学びのすすめ」が「確かな学力」の初出ではないかと推察されますが、その後二

〇〇八年改訂の学習指導要領では、この「確かな学び」がキーワードになります。

背景には、第一章で説明した「PISAショック」がありました。すでに説明したように、PISAと呼ばれる国際学習到達度調査において、日本の生徒たちの平均得点や国際順位がともに、二〇〇三年と二〇〇六年で大きく低下したことが、衝撃をもって報じられました。また、日本の生徒たちの学力分布の特徴として、社会経済的地位による学力格差が非常に大きいことも明らかにされ、学力格差問題への対策としても「脱ゆとり教育」が急がれました。

「総合」に対する教師の反発

二〇〇八年三月（高校は翌〇九年三月）に改訂・告示された学習指導要領より、「確かな学力」路線に舵を切ったことにあわせて、総合的な学習の時間の授業時数は小学校で年間一〇五〜一一〇時限（週三時限程度）から七〇時限（週二時限程度）、中学校でも七〇〜一三〇時限から五〇〜七〇時限に縮減されました。

この縮減の背景のひとつには、現場の学校教師たちの反対がありました。

総合的な学習の時間の全面実施から三年経った二〇〇五年に、文部科学省が全国の小学校・中学校教員に対しておこなったアンケートの結果〔図表4-3〕によると、総合的な学

	小学校教員	中学校教員
総合的な学習の時間はよい取り組みだと思う	56.6%	43.5%
教科の時間が減っており、基礎基本の学習がおろそかになる	65.6%	81.0%
授業の準備に時間がかかり、教師の負担が大きくて大変だ	83.4%	84.6%
教科で学んだ知識や技能を実際の場面で活用できるようになる	50.4%	33.3%
単なる体験になっており、教科との関連が不十分で学力が身につかない	55.2%	73.1%
総合的な学習の時間はなくした方がよい	38.3%	57.2%

出典　平成16・17年度文部科学省委嘱調査『「義務教育に関する意識調査」報告書』
註　「とてもそう思う」と「まあそう思う」の合計（%）

〔図表4－3〕総合的な学習の時間に対する小・中学校の教師の意見（2005年）

習の時間に対して、否定的な回答がめだちました（平成一六・一七年度文部科学省委嘱調査『「義務教育に関する意識調査」報告書』）。

小学校・中学校の教師にとって、総合的な学習の時間の導入にともない、教科学習の時間が減少した結果、児童や生徒の基礎学力がおろそかになる、授業負担が増大するなどの不満とともに、子どもたちが適切に知識を活用できるようになっているのだろうかという現場目線の不安と批判がめだちはじめました。また、小学校教員にくらべて、中学校教員のほうが総合的な学習の時間には否定的でした。これは高校入試を控える中学生の指導を担当する中学校教員にとって、教科中心の学力試験や入試に向けて、むしろ教科教育を重視したいという本音かもしれません。

ＰＩＳＡで示された学力低下の傾向と学校教師

の不満は、総合的な学習の時間にとって強い逆風になりました。やがてその見直しが文部科学省内で検討されることになります。

二〇〇七年八月三〇日に開催された第六〇回教育課程部会では、総合的な学習の時間について「学校教育全体で思考力・判断力・表現力等を育成するための、各教科と総合的な学習の時間との適切な役割分担と連携が必ずしも十分図れていないという問題」が指摘されました。

また、学校現場、特に中学校の教員からは、知識・技能（基礎学力）の確実な定着のために授業時数の充実を求める声が強いことや、小学校では、高学年に外国語活動の時間を新設することなどから、それまで週三コマ程度の総合的な学習の時間を週一・四コマから二コマ相当とすることが適当だと結論づけられました（中央教育審議会初等中等教育分科会教育課程部会『教育課程部会におけるこれまでの審議のまとめ』平成一九年一一月七日）。

「確かな学力」からアクティブラーニングへ

二〇〇八年に改訂・告示された学習指導要領では、知識の注入と暗記（系統主義）か活動主義かを対立的にとらえるのではなく、その両者を「確かな学力」または「生きる力」という言葉で発展させ、「資質・能力」を育むことに主眼が置かれるようになりました。

つまり、「確かな学力」の目標は、知識・技能の修得という基礎学力の充実とともに、それまで提案されてきた思考力・判断力・表現力や自ら学ぶ意欲の両立にありました。

その結果、小学校の年間標準授業時数は五六四五時限で前回比五・二パーセント、中学校も三〇四五時限で三・六パーセントそれぞれ増加しました。また、小学校では高学年で外国語活動（おもに英語）が週一時限設けられることになりました。

ところが、二〇一七年三月に改訂・告示された新しい学習指導要領でも、総合的な学習の時間の授業時限数は減らされたままです。ゆとり教育と総合的な学習の時間により、学力低下を招いたという批判が当の文部科学省にとっては大きなトラウマ（心の傷）になったからではないでしょうか。文部科学省はその批判をかわすために、「アクティブ・ラーニング」という言葉に飛びついた可能性があります。

または、「ゆとり教育」そのものを発展的に乗り越えるために、文部科学省は意図的にアクティブ・ラーニングの実施に動いた可能性もあります。

前川喜平《まえかわきへい》文部科学審議官（当時）は、アクティブ・ラーニングについて、「小中学校でやっている『総合的な学習』のイメージです。語弊を恐れずに言えば、新指導要領で『新・ゆとり世代』を育てたい。ただ、以前の『ゆとり』は教える内容を削りすぎた。教科書を薄くしすぎた。現場への伝え方も誤った。そのうえで、あえて言います。これからのグローバル社会で活躍できる『人』を育てるには『ゆとり』が必要です」と新聞のインタビューに応じています（大島三緒「『ゆとり』は再生するか　授業変革へ過去を省みよ」『日本経済新聞』二〇一六年四月一七日朝刊）。

一度闇に葬られたはずの「ゆとり教育」を持ち出して、アクティブ・ラーニングの意義を説明しようとするなら、今回のアクティブラーニングまたは主体的・対話的で深い学びの先駆的な実践の試みとして、総合的な学習の時間などを位置づけて、学力や意欲（「生きる力」）のあり方を検証しておく必要があったのではないでしょうか。あわせて、一九八〇年代以来の「ゆとり」のあり方やアクティブ・ラーニングの総括や再定義が求められるべきではないでしょうか。

平成教育史の三〇年間は「新しい学力観」にはじまり、生きる力、ゆとり教育、総合的な学習の時間、そして学力の三要素、「確かな学力」「資質・能力」と「アクティブ（・）ラーニング」「主体的・対話的で深い学び」でおおよそ完結していくことになります。いずれも児童・生徒たちが活動や体験を通じて主体的に学ぶ意欲や態度の育成をめざしてきました。ところが、学校現場や教育行政といった当事者の理念や構想通りの実施は困難であったように映ります。目論見通りにいかなかったからこそ、あえて、新しい理念やスローガンの「上塗り」が必要だったのではないでしょうか。その「上塗り」は、政策や計画の問題点や課題を隠蔽しつつ、それらを先送りさせるには非常に有効な手段なのです。

今回もまた「カリキュラム・マネジメント」という学校現場への責任の押しつけや、現場教師への研修や大学の教員養成を改革すれば思い通りにいくはずだという教化主義はあいかわらずです。授業改善に向けた教師や子どもたちの時間的・心理的なゆとり、論拠にもとづいた力量形成のあり方や人的補充などの必要な条件に関する議論はじゅうぶんにおこなわれているようには見えません。

それでは、これから私たちはアクティブラーニングや主体的・対話的で深い学びをどのように受け止めていけばよいのでしょうか。次章では未来《これから》に向けて、その問題点と課題について検討していきたいと思います。

第五章　未来のアクティブラーニングに向けて

私たちのタイムマシンはふたたび現代へと還ってきました。前章まで歴史上の〈アクティブラーニング〉の実践をいろいろ見てきました。ここでタイムマシンを降りて、これまでの〈アクティブラーニング〉などの議論から、「はじめに」で提示した幻想や前提に対する本書の見解を述べ、これからのアクティブラーニングの課題について考えてみましょう。

1　歴史から何を学ぶか

実践・運用・倫理上の課題

これまで明治近代以来の日本の学校教育史上の〈アクティブラーニング〉を見てきました。その歴史は子どもたちの学力や学習意欲をどのようにとらえ、育むのか、その見方や方法の対立や論争のなかで、たえず翻弄されてきたといっても過言ではありません。

以下、アクティブラーニングまたは主体的・対話的で深い学びに向けた問題点や課題を大きく三点にまとめておきましょう。

第一に、実践上の課題です。本来、アクティブラーニング、あるいは主体的・対話的で深い学びは教師が児童・生徒・学生の主体性に委ねながら支援して進める学びの形態です。しかし、学習指導要領などによる数々の縛りのなかで、教室の授業実践が教師と児童・生徒双方にとって有意義な展開になりうるか——こうした不安の声は現場で子どもを預かる教師や保護者から多く聞かれます。とりわけ教師にとっては、アクティブラーニングや主体的・対話的で深い学びの視点で授業改善をおこなったところで、すべての内容を扱えるのか、学力や学習意欲の低下または格差に対する困惑や不安の声とともに、本格実施に向けて授業の具体像を求める声は日増しに高まっています。

第二に、運用上の課題です。アクティブラーニングは、一学校、一教室の実践を超えて、文部科学省や一部の学者が思い描くように、全国の大学や学校で実りある実践として成果を収めるでしょうか。そして、今回はアクティブラーニングによるカリキュラム改革とあわせて、新しい大学入試が実施されようとしています。人生を決する一大イベントともいうべき新しい大学入試制度は適切に運用されるのでしょうか。アクティブラーニングを含めた教育の視点や学びのスタイルはこれからの日本社会にじゅうぶんに受け容れられていくのでしょうか。その運用レベルの課題や問題点について、検討する必要があります。

第三に、倫理的な水準での課題です。アクティブラーニングまたは主体的・対話的で深い学びが教育課程や授業改善の視点として導入、実施されることはほんとうに「よいこと」や「望ましいこと」なのでしょうか。たしかに子どもたちが主体的な学習者として自ら進んで積極的に学びに関わるという実践レベルにかぎってみれば、とても理想的です。しかし、なかには意欲的・能動的に学習に取り組めない児童・生徒・学生もいるはずです。

それにもかかわらず、主体性、能動性や自発性が強制されたり、学習者である子どもたちの内面管理にまで及んで、それを引き出すことになるとすれば、アクティブではなくなるどころか、そもそも倫理的な問題に関わってきます。

さらに、政策として導入されれば、政治的なテーマになります。時の政権に反する、またはは学校や教師が意図しない批判的思考に至る「深い学び」を子どもたちが達成したとき、それを自由に外化《アウトプット》（表現や表明）することはできるのでしょうか。

2　実践上の課題——教室で実践できるのか

四つの課題と限界

飯田市教育長の代田昭久さんは、教育監を務めた武雄市での経験から、アクティブラーニングの課題と限界について、以下四つを挙げています。現在の学校現場がアクティブラーニングを導入するうえでの実践的な限界と課題をとらえた内容です。

①「時間の限界」知識のある子もない子も一コマで授業を完結させなければならない。アクティブラーニングを実践するには時間が足りない。
②「場所(空間)の限界」教室空間のなかで、教師と学習者という関係の学びだけでは、多様性は育みにくい。
③「指導者の課題」既存の教材、いままでの指導力では対応できない。
④「学習者(本人)の課題」意見の対立が人間関係の対立にまで発展していく。

武雄市では、①「時間の限界」を克服するために、ICT(情報通信機器・技術)を用いて、反転学習を導入しています。反転学習とは、動画を通じて生徒たちが授業内容を予習し、教室では内容の共有を確認して、話し合いや発展学習の時間に充てる方法を指します。そのほかにも、民間教育産業、大学、インターネット関連会社などと共同で、アクティブラーニングの推進を試みているようです(「ALに限界と課題」『教育新聞』二〇一六年三月二二日）。また、学習指導要領では、必ずしも一単位時間の授業のなかですべてが実現されるものではなく、単元や題材など内容や時間のまとまりを見通しておこなわれるべきことの意義が強調されています。

しかし、②「場所の限界」や③「指導者の課題」は、教師と児童・生徒との関係のあり方、その媒介となる教材の見直しについても求められます。

なかでも大きな課題のひとつは④「学習者の課題」の児童・生徒間の人間関係（友人関係）でしょう。

小学校高学年から中学生になると、友人関係をはじめとする学級内の人間関係は非常に複雑で、デリケートな問題になります。現在の子どもたちの友人関係では、お互いの対立を避け、「優しい関係」をつねに維持するように、その場の空気を読み、過剰なまでに相手に対して気を遣わなければなりません。一歩間違えると、それがいじめに発展したり、属する「カースト」を決められてしまいます（土井隆義『友だち地獄』ちくま新書）。よって、教師が子どもたちに話し合いを促しても、クラスメイトとの人間関係の対立やトラブルを恐れるあまり、意見の対立や討論を回避し、中身のある議論（熟議）に発展しないこともあるでしょう。

大学一年生を対象とした調査研究によれば、アクティブラーニングに主体的、積極的に参加し、その恩恵を受けているのは、人間関係面で積極的で開放的な態度をもつ学生だと言います。逆に言えば、そうではない学生にとっては、アクティブラーニング自体が苦痛で、効果もじゅうぶんではない可能性があります（樋口健「誰がアクティブ・ラーニングの恩恵を受けるのか？」ベネッセ教育総合研究所高等教育研究室ホームページ）。授業中にだけ通用する「対話のルール」を設けても、教師の力量をもってしても、如何ともしがたい児童・生徒・学生間の人間関係や本人の性格上の問題があらかじめ存在していることを認識しておく必要があります。

隠されつづける「学力格差」問題

二〇一六年四月に実施された全国学力テスト（全国学力・学習状況調査）では、児童・生徒や学校に対する質問紙調査のなかで、はじめて主体的・対話的で深い学びまたはアクティブ・ラーニングに関する質問項目が設けられ、学校の実施状況などとの関連で、子どもたちの学習志向性や意欲と学力調査の結果が分析、公表されました（国立教育政策研究所『平成28年度全国学力・学習状況調査の結果（概要）』）。

児童・生徒対象の調査では、アクティブラーニングの取り組みについて、Q1「小学5年生まで（中学1、2年生のとき）に受けた授業では、先生から示される課題や、学級やグ

小学校	国語A	国語B	算数A	算数B
①当てはまる	77.5	63.4	82.3	52.3
②どちらかといえば当てはまる	73.6	58.7	78.4	47.7
③どちらかといえば当てはまらない	67.0	50.8	71.7	41.1
④当てはまらない	60.1	42.0	63.9	34.5
①−④（点）a	17.4	21.4	18.4	17.8
④／①（%）b	77.5	66.2	77.6	66.0

中学校	国語A	国語B	数学A	数学B
①当てはまる	79.5	72.5	69.2	51.1
②どちらかといえば当てはまる	76.8	68.2	63.8	45.5
③どちらかといえば当てはまらない	72.2	61.1	56.0	38.2
④当てはまらない	66.6	53.5	48.1	31.4
①−④（点）a	12.9	19.0	21.1	19.7
④／①（%）b	83.8	73.8	69.5	61.4

出典　『平成28年度全国学力・学習状況調査の結果（概要）』より筆者作成

註　①当てはまる（小30.8%・中27.4%）、②どちらかといえば当てはまる（小47.0%・中46.4%）、③どちらかといえば当てはまらない（小18.1%・中20.7%）、④当てはまらない（小3.9%・中5.4%）

〔図表5－1〕「課題に対し、自ら考えて取り組んでいた」割合別に見た全国学力テストの平均正答率

ループの中で、自分たちで立てた課題に対して、自ら考え、自分から取り組んでいたと思いますか」、Q2「受けた授業で、自分の考えを発表する機会では、自分の考えがうまく伝わるよう、資料や文章、話の組み立てなどを工夫して発表していたと思いますか」の二項目について尋ねています（傍線はいずれも引用者）。

このうちQ1「課題に対し、自ら考えて取り組んでいた」という児童・生徒の態度別（①当てはまる〜④当てはまらない）に見た全国学力テストの平均正答率をみると、アクティブラーニングへの取り組みが積極的な児童・生徒のグループ①のほうが、基礎的な知識や技能を問うA問題であれ、活用型学力を問うB問題であれ、さらには教科の別を問わず、平均正答率は高い傾向にあります。それとともに、高得点層と低得点層の平均正答率の差（b値）をみると、とりわけ活用型学力（B問題）においてグループ別の学力差が拡大する傾向にあります〔図表5－1〕。もうひとつのQ2「自分の考えがうまく伝わるように工夫する」でも、同じ傾向が確認できます。

ところが、この結果を報じた新聞記事「AL《アクティブラーニング》に意欲的な子ほど好成績」（『日本教育新聞』二〇一六年一〇月三日）を見ると、アクティブラーニングに取り組む意欲が高い子どもほど好成績になる傾向を論じてはいても、学力格差の問題に警鐘を鳴らす内容はほとんど見られませんでした。

二〇一七年に改訂・告示された学習指導要領においては、主体的・対話的で深い学び（アクティブラーニング）を、知識・技能を重視する旧い学力と、活用型学力である新しい学力との対立を乗り越えるために、単なる教育方法ではなく、目標、方法、内容、評価のあり方も含めた授業改善の「視点」としてとらえました。そして、活動中心《アクティブラーニング》の学習に陥らないようにと「深い学び」が追加されたのです。

ところが、前章で示したように、総合的な学習の時間などの学力は、基礎学力によって意欲や態度の格差が生じてしまうのです。また、〔図表5－1〕のような最近の学力調査の結果も含めて、主体的な学びに対する意欲や態度の格差を明らかにした調査研究の知見は、学習指導要領の改訂作業において、顧みられた形跡がほとんどありません。それどころか、新たに華々しく登場した「アクティブ・ラーニング」や「主体的・対話的で深い学び」といったスローガンのもと、旧い学力（知識・技能）と新しい学力（思考力・判断力・表現力）の対立の解消ばかりがめざされ、両者の関係や学力格差の問題についてはほとんど注目されず、改善策もじゅうぶんに打ち出されないまま、その導入が進められていったように映るのです。

なお、自校の児童や生徒がどの程度アクティブラーニングに対応できているか、Q1とQ2を学校にも尋ねています。それによれば、Q1では小学校九一・〇パーセント、中学校八七・五パーセント、Q2は小学校六一・五パーセント、中学校六〇・七パーセントが自校の児童・生徒がアクティブラーニングに対応できていると回答しています。ところが、児童・生徒本人の取り組みについての回答を見ると、Q1は小学生二二・〇パーセント、中学生二六・一パーセントが、Q2は小学生三五・七パーセント、中学生四二・一パーセントが「当てはまらない」（十分に取り組んだとは言えない）といいます。

多くの小・中学校では、アクティブラーニングの実施に向けた対応が進んでいるものの、児童・生徒本人の取り組みはさまざまで、両者のあいだには大きな溝があります。学校の準備や対応に対して、アクティブラーニングに取り組めない児童や生徒が教室に相当数いることに留意する必要があります。

第一章で紹介した二〇一五年実施の調査でも、基礎学力が高い者はアクティブラーニングを「好き」だと回答し、学力が低い者ほどその割合が低下傾向にあります。

つまり、ゆとり教育や総合的な学習の時間に対する分析結果から、「意欲や興味・関心は、どの子も同じように持っているわけではない。同じように引き出すことができるわけでもない」のです（苅谷他前掲書）。この知見と示唆をアクティブラーニングの導入、実践にも参照すべき（だった）でしょう。

さらに、学習意欲・態度や興味・関心のみならず、その前提になる知識でさえも、それぞれの子どもの家庭環境（社会階層）の影響が大きく出てしまいます。前章で紹介した「お店屋さんごっこ」の追記になりますが、昨今では「野菜」ひとつをとっても、そのイメージの仕方は子どもそれぞれの家庭環境や生活環境によって大きく異なるようです。日常の生活で国産の有機野菜を生《なま》で食べている子どもと、輸入品の袋入り冷凍野菜を電子レンジで温めてから食べている子どもとでは、当然、野菜に対するイメージが大きく異なります。前者の子どもは野菜の根・葉・茎の全体像を描くことができるのに対し、後者の子どもは冷凍霜のついた葉や調理済みの葉しかイメージできないのだそうです。家庭環境による生活体験の差が学校の授業の場にそのまま持ち込まれることになれば、共通の「知識」という基盤がないまま、まったく異なるイメージをもった子どもたちのあいだで、対話的な学びや協同学習が進められていくことになります。

小・中学生を対象とした全国学力テストにおける学力格差の問題ばかりではありません。大学入試センター試験に代わる大学入学共通テストでは「思考力・判断力・表現力」を試す問題が出題されることになっており、家庭環境の影響がこれまで以上に強くあらわれる可能性がすでに指摘されています。それというのも、思考力・判断力・表現力を個人が独学で学び、高めるには限界があるからです。そのための対策としての予備校や塾への通学、体験活動の経験の有無、コミュニケーションや対話力なども、家庭のサポート次第で、経験のある子どもとない子どもとのあいだで格差が出てしまうことでしょう（山内太地・本間正人『高大接続改革』ちくま新書）。

「弱い個人」の切り捨てか

ここまで見てきた、大正新教育、戦時下新教育、戦後新教育、総合的な学習の時間、そしてアクティブラーニング（主体的・対話的で深い学び）こそ、「強い個人」を前提条件にしたカリキュラムだと言えます。

とりわけ昨今のポスト工業化社会の時代では、新自由主義経済の論理に、学校教育を従属させ、その時代や社会に相応《ふさわ》しい人材育成をおこなうことが国家目標になっています。

二〇一七年に改訂・告示された学習指導要領では「社会に開かれた教育課程」が目標のひとつになっています。しかし、ここでいう「社会」は決してひとつではありません。子どもたちが授業で協働、連携することを通じて学ぶ対象としての社会、もうひとつは、国や政府が期待する人材を学校が育て、送り出す先としての社会を指します。

その人材とは、社会環境の大きな変化や知識基盤社会のもとで、グローバルに展開される経済競争のなかで主体的かつ能動的に自らの役割を担い、世界や社会の困難や矛盾を解決できる意欲のある者を指します。その人材は多くの経済的利益をもたらすことが期待されます。経済界から求められた人材育成と、それに直結した学校教育こそが「社会に開かれた教育課程」なのです。教育政策としてのアクティブラーニングもまた、教育界よりも経済界の論理で要請、導入されたことは第一章でも紹介したとおりです。

子どもたちの個性や想像力は将来、新商品や新ビジネスを開発または展開する能力として、書く、話す、発表するといった能力は情報の編集やプレゼンテーションなど、昨今さかんに求められている「コミュニケーション力」として発揮されます。ところが、その力をもたない個人は、それを自己責任に帰せられ、不安定な社会のなかで「弱い個人」として切り捨てられてしまう可能性があります（松下良平「新教育の彼方へ」教育思想史学会『教育思想史コメンタール』）。つまり、アクティブラーニングは新自由主義の思想や理念と都合良く結びついてしまう危険性《リスク》が非常に高いのです。

それは、アクティブラーニングが新自由主義を信奉する個人や団体に積極的に支持、推進されていることにも表れています。一般社団法人・日本アクティブラーニング協会は小泉内閣で経済財政政策担当大臣を務めた竹中平蔵《たけなかへいぞう》さんを評議員長に迎えて、共同で「教育改革推進協議会」を立ち上げ、アクティブラーニングを通じたエリート人材の養成に乗り出そうとしています（「竹中平蔵氏、安西祐一郎氏、有志により『教育改革推進協議会』が発足」『産経ニュース』二〇一七年七月一八日）。同協議会の教育の対象には、貧困など家庭環境に恵まれない子ども、学力の低い子ども、障がいをもった子どもははじめから想定されていないようです。

3 運用上の課題——適切に運用できるのか

マニュアルの落とし穴

アクティブラーニングまたは「主体的・対話的で深い学び」が学習指導要領の重要なポイントになることが明らかになってから、出版業界は商業主義に乗って、タイトルに「こうすればできるアクティブラーニング！」などと銘打った解説や手引（マニュアル）の書籍や雑誌を多数刊行しています。また、タイトルに「アクティブ（・）ラーニング」や「主体的・対話的で深い学び」とつけるだけで、本や雑誌の売り上げは大幅に上がるのだそうです。図書や雑誌のみならず、インターネット上にも、アクティブラーニングの手引を謳った実践例が数多く紹介されています。それだけ現場の教師や保護者をはじめ教育に関わる多くの方がこの問題に関心をもっていることを示しています。先生方のなかには、対応に苦慮されている方も少なくないのかもしれません。

紹介されている実践例は非常にわかりやすく書かれています。限られた時間のなかで、事前に用意すべき教具、授業の段取り、発問の仕方、最後のまとめとふりかえりを含めて、留意点が具体的に述べられています。現場の教師にとって、紹介された実践例は「福音」でしょう。

しかし、その「運用」ということに関して言えば、その実践例は必ずしもすべての学校やクラスに適応でき、実現可能というわけではありません。形式上同じように実践できたとしても、当然のことながら、児童・生徒の反応や学びの深まりがマニュアルの内容と同様になるということはありません。

アクティブラーニングのマニュアルで紹介される実践例は、特にその方法において、定型化されているものが多いように見受けられます。教育方法の定型化といえば、第二章で紹介した奈良女子高等師範学校附属小学校における「奈良の学習法」が想起されます。「奈良の学習法」は教育方法の定型化を主張したわけではありませんが、訓導の池田小菊の目には教師の目的に子どもたちを計画的・構成的に到達させようとするように映り、彼女はそこに垣間見える「型」を批判したのです。池田は「型」に忠実な実践ではなく、子どもたち一人ひとりの心理的な動きに直面し、それぞれに柔軟に対応しながら、その時々の学級や授業に合った実践を求め、子どもたちとともに生み出していく授業や学級経営をめざしたのです。

教育学者の佐藤学さんは「教師の仕事はそのほとんどが『不確実性』によって支配されている。ある教師のある教室で有効だったプログラムが別の教師の別の教室で有効である保障はないし、ある文脈で有効だった理論が別の文脈でも通用するとは限らないのである」と述べています（佐藤『教師というアポリア』世織書房）。池田もまた教師の仕事や授業実践の不確実性を認識していたからこそ、特定の「型」ではない柔軟な実践のあり方をめざしていたのではないでしょうか（杉本前掲）。

「主体的・対話的で深い学び」の理念や考え方は抽象的で、授業に向けて特定の形や型を見出しにくいところがあります。それゆえに、教師のなかには、かえって不安が増幅し、授業実践の「型」を求めてしまうこともあるかもしれません。しかし、多様な児童や生徒を対象にする授業の展開はそもそも不確実であり、想定外のことがあれば、「型」などはいとも簡単に破綻してしまうものです。「型」への依存は、教師自身の実践を貧弱にするばかりか、柔軟な学級経営や授業実践を困難にしてしまう危険もあるのです。

マニュアルの落とし穴や「型」への依存から脱け出すためには、授業実践案の紹介やマニュアルなどの「見方」を大きく変え、批判的に読み解いていかなくてはなりません。紹介例の授業の方法や段取りをそのまま実行するのではなく、その授業がいかにして成立していたか、その「条件」にも注意を払いつつ、参照する必要があります。たとえば、すでに知識の修得が進んでいるエリート大学の学生や進学校の私立中学校の生徒を相手にした授業なのか、児童・生徒・学生の学習に対する態度や構え、学級内の友人関係・人間関係や教師との関係などの「条件」です。ところが、刊行されているマニュアルや授業の紹介例には、こうした「条件」がほとんど触れられていないのです。

大学入試は安定的に運用されるのか

どのような政策であれ、どれだけ高い理念が掲げられても、それが実現可能性や具体性に欠け、じゅうぶんに運用できなければ意味がありません。意味がないどころか、あらゆる弊害や問題をもたらす危険さえあります。今回のアクティブ・ラーニングや主体的・対話的で深い学びは、政策として、全国の幼稚園から高校の学習指導要領、大学においても積極的な導入が進められようとしています。

それに関連して、第一章で紹介した新しい大学入試が実施されようとしています。一九七九（昭和五四）年にはじまった国公立大学共通第一次学力試験、その後一九九〇年以降におこなわれている大学入試センター試験に代わって、「大学入学共通テスト」と「高校生のための学びの基礎診断」が導入されることになっていることはすでに述べました。これらの新しいテストでは、知識・技能のみならず、思考力・判断力・表現力を評価しようとしています。

大学入試制度改革は「大学入学共通テスト」の二〇二〇年度（二一年一月実施）に向けて、「待ったなし」の状態です。

ところが、新しい大学入試制度に対しては、多くの課題が浮き彫りになっています。当初提案されていた年複数回実施は、日程上の理由から見送られることになりました。新たな目玉である「思考力・判断力・表現力」を評価するための記述式問題についても、採点作業のあり方、採点期間の設定、採点基準の信頼性や妥当性の問題などが指摘されています。

「大学入学共通テスト」の国語の試験問題では、当初二〇〇～三〇〇字程度の記述式問題を複数採り入れる内容でしたが、しだいに課題文字数は減少し、八〇～一二〇字程度の問題が三問ほど出題されることになりました。数学の試験問題では、解答のみならず、その過程や手立てを記述することになりました。

そもそも限られた文字数の設問で、思考力・判断力・表現力を評価することに、意味はあるのでしょうか。これまでの大学入試センター試験などで、求められる思考力や判断力はほんとうに測れていなかったのか、表現力はどの程度の量と質のものが求められるのかについてのさらなる議論が必要でしょう。

記述式問題の採点は大学入試センターが民間の業者に委託することになりました。しかし、平成三〇年度の大学入試センター試験の受験者数が約五五万人であることから、それ相応の大規模の記述式答案を、決められた期間内に、正確に採点、評価しなければなりません。また、人件費はじめコストの問題など、課題は山積しています。採点に必要な期間が長期化することは許されませんし、短期間で対応するなら、必要な人材を大量に委託しなければならず、人件費がかさむことになります。その結果、大学入試センター試験の検定料（三教科以上一万八〇〇〇円、二教科以下一万二〇〇〇円）よりも高額になることが予想されます（「考えるプロセス問う　大学入試新テスト問題例」『朝日新聞』二〇一五年一二月二三日朝刊）。

文部科学省は検定料の低額化を検討しているようですが、その金額しだいでは経済的な理由から断念せざるをえない受験生も現れるかもしれません。

ちなみに、採点の方法については、当初は人工知能（ＡＩ）の活用が真剣に議論されていました（文部科学省「高大接続システム改革会議　最終報告」二〇一六年三月）。参考までに、大学入試センター試験の前身にあたる共通一次試験が一九七九（昭和五四）年に実施された当時のことを記しておきましょう。共通一次試験では、第一回よりマークシート（ＯＭＲ：光学式マーク読み取り装置）による解答方式が導入されました。ＯＭＲは一九世紀の中頃からアメリカで開発が進められ、共通一次試験の実施以前から日本の私立大学の入試でも採用されるなど、大規模な受験生を対象とする入試にも安定的に対応できるように開発されていました。

これから大学入学を希望して、新しい入試にチャレンジしようとする未来の受験生のみなさんは、未確定な要素の多い出題や採点の方法に、自身の努力や人生を託して安心して受験に臨めるでしょうか。すでに一部では、大学入学共通テストなどの新テストに対する不安から、系列の大学まで内部進学できる私立大学附属の中学校や高校の入学希望が高まっているようです（「『付属校』人気さらに高まる」『朝日新聞』二〇一七年一二月二三日朝刊）。今後、じゅうぶんな改善が望めなければ、受験生の実力や能力以前の、制度の信頼性に関わる重大な問題へ発展するかもしれません。

4　倫理上の課題――「よいこと」なのか

アクティブラーニングはバラ色か

はたしてアクティブラーニングの導入やそれに付随する諸改革は輝かしいバラ色なのでしょうか。抽象的な理想論ばかりが先行して、現実や実態が追いつかない、後からその理想と現実のギャップに気がついても、子どもたちは二〇一七年三月に改訂・告示された学習指導要領のもと、二〇一八年四月から移行措置として新しい教育課程の授業を受けることになります。

私たちは理想ばかりを追い求め、語るだけではなく、もう一度立ち止まって、そもそも学力の三要素、アクティブラーニング、主体的・対話的で深い学びの視点がほんとうに好ましいのか、学習指導要領の是非についても、あらためて考えるべき地点に来ています。

さもないと、二〇〇〇年代初頭のゆとり教育、二〇一五年に噴出した東京オリンピックの会場建設問題やエンブレム問題の迷走と同じ悪夢を見ることになるかもしれません。

そのいずれも、見通しがじゅうぶんではないまま進められた文部科学省関連の施策です。私たちは「ゆとり教育」やそれ以前の歴史の総括も不十分なまま、アクティブラーニングや主体的・対話的で深い学びを受け容れることになるのでしょうか。格差や貧困、愛国心、集団的自衛権や戦争、共謀罪の問題など、現在の日本社会が置かれた状況や背景を注意深く見ながら、同時に教育課題として、その是非を問うていかなくてはなりません。

学んだかどうかは後からしかわからない

これまでの日本の学校の授業は、教師から一方的な知識や技能の伝達が多かったことは否めません。それに対し、アクティブラーニングや主体的・対話的で深い学びでは、教師から一方的に「教えられる教育」のみならず、学習者が主体的に他者との関わりを通じて、自発的に調べ考え、判断、表現し、それまでの自分自身の学習過程をふりかえるという一連のプロセスが想定されています。そのために、ワークショップやロールプレイなどの参加型学習や、フィールドワークなどの体験型の学びが採用されることもあります。

そもそも「教える」や「学ぶ」とはどのような行為を指すのでしょうか。

これまで私たちは、教師の「教える」行為が先行して、そのあとに児童や生徒たちが「学ぶ」行為に連続すると常識的にとらえてきました。その発想こそがまさに「教える教育」の基本形なのです。

ところが、教育思想史の研究者である田中智志さんは、「教える―学ぶ」の関係の成立条件について、これまでの常識を反転させて、以下のように論じています。

私たちは、旧来の教育学における常識的な概念――「教授学習過程」という概念を疑わなければならない。〔中略〕人は、教えられたあとに学ぶのではなく、学んだあとに教えられたと思うからである。〔中略〕意味に注目していえば、その教えるという行為(に見える行為)が、本当に教えるという行為になるのは、学ぶという行為が成立したあとである。つまり、人は「学んだ」と思ったあとにはじめて「教えられた」と思うだけである(田中智志『他者の喪失から感受へ』勁草書房)。

特に学校教育の授業場面における動作や行為だけに注目すれば、教師が知識や技能を教え、支援した後に、それにつづいて、児童・生徒・学生が学ぶという行為が連続して存在しているととらえがちです。これまでの教育学の教授学習過程や「教える―学ぶ関係」とは、この考え方を常識にして、教育関係や授業が成立していたと考えてきました。それゆえに、児童や生徒の学びがじゅうぶんか不十分かは教師によってしか判断、評価できないとされてきました。

ところが、「学ぶ」という行為の意味そのものに注目するならば、学び手が学んだかどうかは教師本人ではなく、学び手本人が教えられた内容を理解、納得したかどうかのほうが重要になります。そうでなければ、そもそも「教える―学ぶ」関係は成立しません。「腑に落ちない」という慣用表現があります。腑とは、はらわた（腸）のことで、腑に落ちるほど心の底からは納得できないことを意味する言葉です。腑に落ちないかぎりは教育関係が成立しないのです。はめを外したときに、教師や親から「お説教」を受けた経験がある方も多いでしょう。しかし、説教される側がその内容を理解、納得しなければ、残念ながら、片耳からもう片耳へと言葉が素通りするだけで、まったく伝わりませんし、学んだことにもなりません。説教する人との関係も成立しません。

学んだかどうかは、学び手のほうに事後的に委ねられているのであって、教える者は少なくともそのことに自覚的にならなければなりません。さらに言えば、教師が学び手に望ましいとされる学習環境を用意して、実践しても、その成否は教える側にではなく、学ぶ側のほうに大きく委ねられているのです。よって、主体的、対話的、深く学んだかは教師ではなく、児童や生徒しだいだということに留意しなければなりません。

「知る力」の復権

この「学ぶ」という行為の特性ゆえに、アクティブラーニングや主体的・対話的で深い学びを達成するには、さまざまな実践上の課題があることを自覚しなければなりません。

第一に、アクティブラーニングや主体的・対話的で深い学びの視点はたしかに理想的ではあるけれども、これを実現するのは存外に難しいという点を、関わるすべての人がまずもって自覚しておく必要があるように思います。

昨今では、たとえば公職選挙法の改正や若者の政治意識を高めるべく、公民教育または市民性教育（シティズンシップ教育）のひとつとして、模擬選挙や政治的・道徳的に論争的なテーマを討議する体験を採り入れた実践が積極的に導入されています。政治教育において主体的かつ能動的な学びを促進するアクティブラーニングの試みです。

しかし、じゅうぶんな知識をもたないまま、アクティブラーニングを実践すれば、知識の活用どころか、熟慮を経ないまま、表層的な直感や感情を述べるだけか、ただただ活動に参加している／させられていることになります。私たちは「知っている」（知識を有する）からこそ、自分自身と現象や対象との関係性や、現象間の因果関係などに目を向けたり、批判的な思考や熟慮が可能になるのです。

したがって、社会科学の要素が必要な授業でアクティブラーニングを実践しようと思えば、政治、社会、道徳の問題やその背景についての深い理解と批判的な洞察が求められます。また、同時に、そもそも対象やテーマが学び手である児童・生徒・学生それぞれにとって「わたし（たち）の問題」として自覚されなければなりません。さらに、本や雑誌、新聞、インターネットなど各種メディアを情報源として活用し、正確に分析・理解し、自らの立場や意見を表明するまでのプロセスを考えれば、何よりも基本的な読み書き計算などの基礎学力が求められます。つまり、成果を外化《アウトプット》する以前に、基礎学力を通じて必要な知識や情報をじゅうぶんに内化《インプット》していないかぎり、アクティブラーニングや主体的・対話的で深い学びは砂上の楼閣になりかねないのです。

問われる教師の力量

第二に、現行の教育課程の標準授業時限のなかで、アクティブラーニングを達成するためには、児童・生徒たちの学習意欲や基礎学力とともに、彼らの学びを支援する教師の力量も問われています。

限られた授業時数のなかで、児童・生徒の主体的な学びや意欲を支援し、多様な意見や考え方に注目、傾聴しながら、授業を進め、子どもたちが「深い学び」にまで到達することとは決して容易ではありません。

ときには単元のねらいに到達せずに、脱線のくりかえしになることもあるでしょう。あるいは、そうかといって教師の一方的な指示や価値観の押しつけばかりになれば、それは主体的・対話的で深い学びやアクティブラーニングではなくなります。

ところが、市販のアクティブラーニング関連のマニュアルを見ていると、「教師は児童・生徒・学生に〇×させる」といった学び手に対する細かい指示の多さが気になります。教師が（強弱の程度こそあれ）学び手をコントロールしようという意図が垣間見えるのです。教師からの一方的な細かい指示が多くなれば、学び手の主体性や能動性が損なわれるし、指示を少なくすれば、学びや成果の差になって現れることもあります。

「教育的配慮」「教育的助言」「教育的指導」などの言い回しは、子どもに対する、あるいは子どものためを思う「善なる教育」を志向しているように見えます。しかし、その時点で「子どもは無知で未熟な存在であり、教師は子どもを操作できる」という前提に無自覚に立っていることを忘れてはなりません（田中智志前掲書）。

アクティブラーニングは、学び手の主体性や能動性を活かしつつ、必要かつ適切な助言と指導をおこなう点で、非常にデリケートな実践です。教師にとっては「教えること（教授する・指導する）」または「教えないこと（見守る・支援する）」という天秤のうえで、絶えず綱渡りのような緊張状態を強いられながら授業をおこなうことになります。

それに対して、時間的なゆとり、力量向上のための研修、人員の補充といった対策や対応で、じゅうぶんなのかどうか、研修への参加を求めれば、教師の多忙化が促進されるのではないか、そもそもそれが日々の授業実践に効果があるのかどうか――現場の声に耳を傾けつつ、具体的な対策や対応が早急に求められています。

教室のなかの忖度や自己規制

第三に、アクティブラーニングの可能性とともに、限界についてもあわせて認識しておく必要があります。これまで論じてきたように、アクティブラーニングは児童・生徒・学生の主体性を尊重しながら、ときには集団や社会へ、将来の社会形成に向けた能動的な市民の育成を志向する実践を含んでいます。授業において参加型または体験型学習を採り入れることによって、生徒自らが政治または社会の諸問題に対して主体的かつ積極的に興味や関心を高める契機になることもあるでしょう。

しかし、政治教育の実践に注目すると、模擬投票や政治討論などによって、子どもたちの政治的関心をどれだけ喚起できるかは未知数です。ある研究によれば、日本の低投票率は政治に関する知識や関心が不十分だから、つまり政治について「知らないから」ではなく、政治的有効性感覚の低さに起因しているといわれています（小林良彰『制度改革以降の日本型民主主義』木鐸社）。言い換えれば、現代の日本において政治に参画する意義が市民一人ひとりにとって明らかではないのです。その背景には、選挙制度や政治不信といった現実の政治に重大な問題や課題があり、こうしたことが改善されないかぎりは、市民の政治的な行動や参加を高めることにはならないでしょう。

また、児童・生徒・学生が「深い学び」に到達し、政府見解に反する関心や意欲を持ち、それを表現しようとするときに、学校、行政、政府はどれだけ寛容でいられるかが求められます。

政府見解に反する言論や表現の自由が制限されたり、すでに一部のマスメディアが政府見解や権力者の顔色を忖度し、しばしば自己規制をおこなっているように、教育現場においても同様の忖度や自己規制が働いては、国や時の政府にとって都合のよい内容ばかりが子どもたちに提示され、ただ目の前の現状を追認する人間を育てることにしかなりません。政府にとっては、国やその政策に従順に従う人間のほうが好都合なのかもしれませんが、学校や学級または社会全体が多様な意見や発言を尊重する場にならないかぎり、子どもたちの主体的・対話的で深い学びなど望むべくもありません。さもないと、国家や時の政権が子どもの能動的な意欲や主体的な自発性を利用し、政治的に動員することを狙った教育政策がアクティブラーニングや「主体的・対話的で深い学び」ということになってしまうのではないでしょうか。

内発的動機づけの限界

第四として、意欲や動機づけの限界について述べましょう。〈アクティブラーニング〉に対する子どもたちの学習意欲には、家庭環境や基礎学力が前提条件になっていることは先に述べたとおりです。

それでは、主体的な学習意欲、しかも内発的動機づけ（報酬や罰などによらず、知的好奇心や興味・関心など、自ら学ぼうとする欲求や気持ち）はどうすれば高まるのでしょうか。高めるのは、本人自身でしょうか、教師や仲間といった他者でしょうか、人間以外の学習環境や対象でしょうか。

学習に向けた内発的動機づけについては、本人のみならず、他者や環境要因の果たす役割は小さくありません。教育心理学の知見によれば、自律性（自己決定）欲求、知識や技能を活用し環境を操作したいというコンピテンス欲求、他者からのサポートや承認を得たいという関係性欲求が満たされたとき、内発的動機が喚起され、高いパフォーマンスが達成される傾向にあるようです（田中希穂・田中あゆみ「社会的動機づけ」岡市・鈴木監修『心理学概論［第2版］』ナカニシヤ出版）。

しかし、いずれも限界はあります。そもそもその三つの欲求が満たされる環境や条件を有する個人は教室内でかぎられているからです。また、本書を通じて明らかにしたとおり、内発的動機づけの高い子どもこそ、三つの欲求を満たす家庭や学校、学校外教育（塾など）の環境がじゅうぶんに用意されている場合も少なくありません。

教師という役割を一度でも担ったことがあれば、内発的動機づけどころか、意欲そのものが見受けられない学習者の存在とその対応に苦慮したという経験を持つ方は少なくないはずです。教室の隅に固まって授業とは無関係の私語に興じている者、指示を出す教師に対して恨めしい眼差しを向けて無気力を決め込む者、居眠りや何もせずにぼーっとしている者……。

アクティブラーニングにおいて、学び手の主体的な意欲や参加が得られないと悲惨そのものです。学習意欲の見られない者には、どのように対応すればよいのでしょうか。

残念ながら、アクティブラーニング関連の解説書やマニュアルには、それについてほとんど書かれていません。学生の豊かな学びや学習意欲を引き出すのは、教師の力量の問題や責任に帰せられる傾向にあります。たとえば、大学生を対象としたアクティブラーニングに関する本には「アクティブラーニングは教育の一つの手段であり、効果的に活用できるかどうかは教員次第なのです」（中井俊樹編著『アクティブラーニング』玉川大学出版部、傍点引用者）という記述もあります。この種の記述は決して珍しいものではありません。

同じように、小学校から高校の学習指導要領においても、主体的・対話的で深い学びの視点をもって不断に授業改善をおこなう主体は、児童や生徒ではなく、学校や教師なのです。それが達成できない場合、その責任は学校や教師に一方的に帰せられることになります。

これでは、児童・生徒・学生に学びの主体性を委ねながら、教師が授業改善の主導権を握ったままであるということになり、これまでの前提と何ら変わりがありません。そのねじれが残存したままだからこそ、「子どもの主体的な意欲を引き出す力がないのは教師の力量や責任の問題なのだ」と、一方的な教師の責任ばかりが強化されてしまうのです。

そして、教育現場で日々授業をしている教師ならば経験的に知っていることでしょうが、多くの場合、意欲や関心のない人間の意欲を引き出すことは著しく困難なことなのです。もっというと、あらゆる授業や課題に対して、積極的に取り組めるほど、人間は単純な存在ではありません。授業や学習の内容そのものに興味や関心を持てない場合もあるだろうし、担当の教師やともに学ぶ仲間との相性や人間関係、当日の体調やプライベートな事柄を背景にした心身の不調もあるかもしれません。

わたしは学校や教師が子どもたちの学習意欲を引き出すのは無理だ、諦めるべきだと言いたいのではありません。ただ、主体的・対話的で深い学びやアクティブラーニングを推進しようとする文部科学省や学者たちは、自発的・内発的な学習意欲があらかじめ学習者の内面に存在し、人間関係も良好で、教師による適切な関わり方しだいで、つねに発動できる状態にあるとの希望的観測を前提にして、その実施を提言しているように映るのです。

教師は学び手の児童・生徒・学生のやる気や意欲を引き出すべき存在であることを強調する一方、主体的または自発的に学ぼうとしない、意欲のない学習者というのは最初からほとんど想定されていないのです。もしそのような児童・生徒・学生が教室にいれば、学びに向かう力のない者として評価されてしまうのです。

教師への講習や研修は効果があるのか

子どもたちばかりではありません。学習者のやる気を引き出せず、アクティブラーニングが成果を収められなかった場合、やはりその責任は教師に転嫁されることになります。そうした「空気」が教師を追い詰めることにならないでしょうか。学習者（児童・生徒・学生）のためを思ってめざしたアクティブラーニングが意図せずして教師を追い込んだり、抑圧することになりはしないでしょうか。

文部科学省や中央教育審議会は、これまで「教師の力量形成」や「学び続ける教師像」を掲げて「主体的・対話的で深い学び」による授業改善に取り組んできました（中央教育審議会答申「教職生活の全体を通じた教員の資質能力の総合的な向上方策について」平成二四年八月）。ところが、今後、仮に文部科学省が意図しない「視点」で授業が学校現場で展開されれば、教師に対して自律的な学びやアクティブラーニングを促すように見せかけて、じつのところ、それほど効果が望めない研修会や講習会への強制参加、すなわち行政による制度化された他律的学び《パッシブラーニング》を強いることになるのではないでしょうか。

「参加しない・発言しない自由」を認め合う

アクティブラーニングの多くの場面では、「評価」という権力を有する教師やクラス全体に対して、積極的に学習成果や意欲の「外化《アウトプット》」が求められることが多くなります。そのため、場の雰囲気しだいでは、個人の主体性や学びに対する能動性さえも他者や集団によって強制または抑圧されてしまうことがあります。

これは逆説というほかはありませんし、そもそも望ましいことなのでしょうか。

ワークショップは参加者の強い動機づけが前提になります。ワークショップとは「講義など一方向な知識伝達のスタイルではなく、参加者が自ら参加・体験して共同で何かを学びあったり創り出したりする学びと創造のスタイル」（中野民夫『ワークショップ』岩波新書）

を指すもので、アクティブラーニングの有力な方法のひとつとしても注目されています。つまり、従来の教育や授業のあり方を一方向的な受け身の学びとして、それを乗り越える方法として、ワークショップが提案されており、双方向的な参加型の学びを大切にする点では、主体的・対話的な学びといってもよいでしょう。教師は知識を教え込むティーチャー（教授者）から、子どもの学びへの参加を支援するファシリテーター（支援者）として、参加者と同じ水平的な存在で、しかも全体をよく見て、場のエネルギーを活性化させる役割を担います。

能動的な参加ということは、学習者自らが積極的に参加し、他者と関わらないかぎりは、対話的な学習がはじまりません。しかし、そうであるならば「参加しない自由」が担保されなければならないのではないでしょうか。仮に参加しない自由が認められないとすれば、それは他者からの「学びの強制」であって、字面通りに解釈すれば、主体的な学び《アクティブラーニング》にならないばかりか、個人の内面に対する過剰な介入になってしまいます。

日本にワークショップを紹介し、推進してきた第一人者の中野民夫さんはその可能性と同時に、課題や危険性についても鋭く指摘しています。曰く、「積極的に参加することが必要だといっても、決して『強制』ではない。やりたくないことはやらない自由が確保されてこその『主体性』である」（中野前掲書）。じつに正鵠を得た指摘で、主体的・対話的で深い学びを求めようとするのであれば、大切にしなければならない視点です。

また、他者との協働を通じた対話的な学びばかりではなく、個々の子どもたちによる個別的な学びの機会も同じように大切にされ、認められなければなりません。さもなければ、協同（協働）学習の試みは、個の自立よりもむしろ集団への強制的な同調や埋没を促すだけの実践に陥りかねないからです。

ところが、学校教育法や学習指導要領における「学力の三要素」には、「知識・技能」と「思考力・判断力・表現力」とともに、「学びに向かう力・人間性」が含まれています。仮に子どもたちが「参加しない自由」を行使した場合、それは「学びに向かう力」がないという観点により「学力がない」とされたり、「人間性に問題がある」と評価されかねないのです。そもそも「学びに向かう力・人間性」なるものを「学力」とみなして、児童や生徒を評価してもよいのでしょうか。「学力の三要素」は問題のある内容と言わざるをえません。

理想と現実を区別する

私たちが教育を語る際に注意しなければならないのは、理想論ばかりが先行するのに対して、現実がそれに追いついているかどうかをじゅうぶんに検証しなければならないということです。

一九九八年に改訂・告示された学習指導要領で、いわゆる「ゆとり教育」を導入しようとしたとき、旗振り役だった文部科学省の寺脇研《てらわきけん》さん（当時・大臣官房審議官）はその目的について「すべての子どもたちに一〇〇点を取らせるためである」と発言して、注目を集めました。残念ながら、今も昔も文部（科学）省の理想から程遠いところに学校教育現場の現実があります。

同じように、「主体的・対話的で深い学び」あるいは「アクティブ・ラーニング」というたスローガンも、とても耳当たりが良く、魅力的に響きます。

これまでの日本の教育の歴史の〈アクティブラーニング〉は、形や言葉、実践内容を変えながら、さまざまなかたちで理想化され、実践されてきました。ところが、当初の理念や目標とは大きく異なり、中止を含めた意図せざる結果を招くことも少なくありませんでした。

その原因は、ハードルの高い教育目標に対して実践が追いつかなかったのか、教師の力量の問題か、学習者の学力や意欲の問題でしょうか。あるいは、学校内部の組織のあり方の問題なのか、不十分な政策や計画が背景にあったからでしょうか。世論の影響もありま す。もちろん、要因はひとつだけではなく、複数の要因や背景が関連していることもあります。

政策・計画やその実施の誤りが明らかになったとき、現在の日本では、戦時総力戦体制と同じような「無責任の体系」ともいうべき見るに堪えない醜い責任転嫁、物量の不足を人間の精神力で補うべきだという精神主義や根性論が未だあちらこちらに残存しています。昨今、問題になっているブラック企業などはその典型です。

制度の運用や政策が裏目に出たり、逆効果をもたらす事態になった場合、その責任は誰がとるのでしょうか。

5　アクティブラーニングのゆくえ

「アクティブラーニング」の政治性

アクティブラーニングを、学び手の「能動的な活動を意図的に組み込んだ授業形態」（安永悟「協同による活動性の高い授業づくり」松下他編著『ディープ・アクティブラーニング』勁草書房）と定義するならば、多くの人がその実践のめざす目標や内容を好意的に評価するかもしれません。

ところが、アクティブラーニングまたは主体的・対話的で深い学びの視点を採り入れるとはいうものの、その政治的な視点や議論はほとんどありません。これからのアクティブラーニングを考えるうえで、そのポリティクス（政治性）について検討してみましょう。

なぜかといえば、私たちが教育論や学習論といった狭いアクティブラーニングのあり方ばかりに注目しているあいだに、かつての戦時下新教育がそうであったように、アクティブラーニングが当初は思いもよらなかった政治的な問題と結びついてしまうことになるかもしれないからです。とりわけ懸念すべき政治的な課題は、学校教育を通じて、時の国や政府の意図する道徳観、歴史観、社会観のみが子どもたちに提示され、それらを積極的に育み、思想統制につながる自発的に従わせるための学習活動《アクティブラーニング》になっていくのではないか、ということです。

「主体的・対話的で深い学び」をめざそうとする教育の理念そのものに限定してみれば、とても魅力的かつ望ましい内容に映ります。これは誰も否定しないし、近代学校の成立以来の究極の教育目標です。ところが、愛国心などの特定の政治的価値や、グローバル人材の養成といった経済的な目標ばかりが強調され、それを受けて、あらゆる教育活動が再編されようとしています。

政府見解と対立する道徳観、歴史観、社会観なども幅広く採り入れて、多様な価値や内容を許容していかなければ、豊かで実りある授業実践は成立しませんし、同じ価値を共有できない子どもは対話（話し合い）や深い学びから排除の対象になる恐れがあります。教師も同様です。それが進めば全体主義（ファシズム）に転化しかねないのです。

『ザ・ウェーブ』

アクティブラーニングを全体主義（ファシズム）と関わらせる議論に、戸惑う方も多いのではないでしょうか。

しかし、児童・生徒の主体性や自発性を動員した全体主義はいとも簡単に起きてしまうのです。戦時下新教育の国民学校でも同じような現象が起きましたし、軽い気持ちではじめたアクティブラーニングが学級や学校全体を巻き込む全体主義に転化したケースもあります。一九六九年にアメリカ・カリフォルニア州の高校で実際にあった出来事です。

ある歴史教師がナチス・ドイツ下の全体主義について教えようと、生徒たちを相手に映画を見せながら説明をしました。ところが、生徒たちは「当時のドイツ人がなぜヒトラーについていったのか、誰もナチスの行動を理解できなかったのはなぜか」をじゅうぶんに了解できない様子でした。そこで教師は一計を案じ、生徒たちに「集団の規律と力を作り出せることを証明しよう」と提案し、姿勢、持ち物、教師に対する呼び方、質問の仕方や答え方についての細かいルールをつくり、軽いゲームのつもりで、それらを守るように指示しました。

普段の自由な雰囲気に慣れていた生徒たちは、嫌がるどころか、我先にと競争するように主体性を喚起され、積極的にルールに従おうとしました。生徒たちはつぎからつぎへとルールを欲していき、クラスの共同体「ザ・ウェーブ」のシンボルである旗印や腕章をつくり、それはやがてクラスの外にも広がっていきました。彼らは特定の集団に属し、自発的に共同体の規律に従うことで安心を得る一方、集団への所属が他に対する優越に転じると、非所属者や批判者への差別や攻撃をはじめました。最初は、軽いゲームのつもりではじめたはずの活動型の体験学習《アクティブラーニング》でしたが、いつのまにか、生徒たちはそのゲームに自らの主体を動員し、仲間との対話や交流を通じて、マインドコントロールのようにクラス全体の集団心理がいとも簡単につくられ、全体の意思で操作されていったのです。

歴史教師は、危険な雰囲気を察知すると、クラスのメンバー全員を集め、もう一度ヒトラーの映画を見せて、生徒たちの行動とナチスに服従するドイツ国民とが同じであったことを示し、歴史がくりかえされる危険と恐怖について説明しました。生徒たちは愕然として自らの意識や行動に気づき、軍隊調の姿勢を崩し、軍旗を捨てたといいます（西田公昭『マインド・コントロールとは何か』紀伊國屋書店）。

この実話は、後にモートン・ルーにより小説化され、日本でも『ザ・ウェーブ』というタイトルで二〇〇九年に新訳（小柴一・訳）が刊行されています。また、二〇〇八年には、ナチスという負の歴史的経験をもつドイツで、『DIE WELLE（英語タイトル THE WAVE）』というタイトルで映画化され、翌二〇〇九年には日本でも『THE WAVE　ウェイヴ』として上映されました。主人公の教師役を演じたユルゲン・フォーゲルさんのスキンヘッドは、昨今ヨーロッパ各国で台頭著しいネオナチや極右政党支持者の象徴であり、映画のなかで描かれる全体主義とオーバーラップしているようにも見えます。この映画がドイツで製作された意味を考えながら、ぜひご覧になっていただきたいと思います。

教科学習で、教師によって、通り一遍の知識を与えられるだけではじゅうぶんに理解できない問題を、身をもって経験し、反省的に深く学習できたという点において、『ザ・ウェーブ』の実践はもっとも成功したアクティブラーニングであると言えるかもしれません。しかし、倫理的には最低最悪なアクティブラーニングになってしまったのです。

集団心理は、ともすれば一部の人間が陥ってしまう心の問題、あるいはマインドコントロールという心理学的な問題としてとらえられがちです。しかし、これは個人の心の問題ばかりではありません。社会的条件や環境が揃えば、多くの人が主体的に従属してしまう集団心理は容易に作られてしまうという社会学的な課題を提起しています。『ザ・ウェーブ』はアクティブラーニングが意図せざるところで全体主義に手を貸したことを示す好例です。

主体性・自発性が利用されるリスク

もちろん、『ザ・ウェーブ』の例は極端かもしれません。

しかし、政府見解と対立する内容が教育現場から排除され、そのカリキュラムとアクティブラーニングとが無批判に結びついたとき、全体主義が発生しないともかぎりません。また、活動や体験に参加することを通じて、本能的または直感的な楽しさや快楽ばかりが強調され、それが集団心理によって熱狂化すると、集団による同調圧力が強化され、個人が知性を動員して、批判的な思考力や理性的な判断力が失われてしまうこともあります。場合によっては、特定の集団がそれ以外の他者を差別、排除、攻撃するヘイトスピーチやヘイトクライム(hate crime:憎悪犯罪)につながることもあるでしょう。

学び手の主体性を積極的に動員するアクティブラーニングの実践はすでにはじまっているという議論もあります。昨今の政治教育は国や政権に対する批判を許さない主体の動員であるとして、東京大学教授の小国喜弘さんは以下のように論じています。

選挙権年齢の引き下げに伴って総務省と文部科学省が共同で作成した副教材『副教材「私たちが拓く日本の未来」活用のための指導資料』を見ると、アクティブ・ラーニングの手法は、批判的精神を養うためではなく、専ら選挙行動を主情的に促す目的で使用されている感があり、「アクティブ・ラーニング」が現場において、生徒の主体性の動員として駆使されていく危険性を予感させている（小国喜弘「歴史教育の改めての危機」『歴史評論』七九一）。

選挙行動や政治参加の意識を高めることを目的としたアクティブラーニングには、国や政権に対して批判的なスタンスで考察しようとする姿勢はほとんど見られません。教室では、国や政権、政策に対する批判ではなく、国や政権の意にかなう内容のみを子どもたちに提示し、それに合った行動をさせようとする意図さえ垣間見えます。

似て非なる学力政策——批判的思考力をめぐって

これに関連して、学習指導要領などで謳われている主体的・対話的で深い学び、なかでも「深い学び」は、各教科や領域の特質に応じた「見方・考え方」（中央教育審議会教育課程企画特別部会）を見る限り、獲得した知識や情報を、教科や分野を超えて、相互に関連づけたり、情報を精査して解決策を考えるといった認知的な水準の学びの深まりを主に指しているようです。

しかし、主体的かつ対話的に学ぶということは、ときに与えられた情報や既存の価値を批判的にとらえ、他者と対話し、ともに思考することで、それまでの自身の立ち位置や他の意見・見解とは異なる立場に到達することもあります。これは欧米の学校教育では一般的によく知られ、授業において積極的に実践されている批判的な思考《クリティカルシンキング》です。国語科、社会科、道徳科などの教科や単元によっては、これまで当たり前とされてきた常識、価値、前提、国のあり方や政策の是非を、多面的な視点から問い直す批判的な思考や学びが求められているのではないでしょうか。未来社会が不透明で予測不能であるというなら、むしろこうした批判的な思考力や態度こそ強く求められる「資質・能力」ではないでしょうか。

ところが、二〇一七年に改訂・告示された学習指導要領では、批判的な思考や学びの育成についてはほとんど言及されていません。そのため、以下のような中学生の学習意欲、思考や態度がじゅうぶんに評価されず、教室のなかで排除されてしまう危険さえあるのです。

ある中学生が小学生のときの道徳の授業を思い出して、そのエピソードを新聞の読者欄に投稿しました。

その日の授業は、あるスポーツ選手のインタビューの内容「信じる心が自分の未来を拓く」をテーマに、教師より一通りの説明があり、それぞれの児童がそれをどのように生活に役立てるかを話し合うものでした。投稿者は話し合いを通じて「信じる心」ばかりではなく「疑う心」も必要だと発言しました。それは反対の意見もあったほうが授業の内容も深まるだろうと考えてのことでした。

しかし、児童が「疑う心」も必要だと発言した後、教師は児童の意見をなかったものとしてサラッと流してしまいました。以来、もやもやしたものを抱えていたのでしょう。児童は自身の意見が教師の想定していた授業のペースや内容を乱してしまったのではないか、しかし授業とは教師の思い通りになればいいのだろうかと疑問を投げかけています（「先生の授業計画乱しちゃダメ？」『朝日新聞』二〇一七年四月一五日朝刊）。

みなさん（特に学校の先生方）は、この考えや発言をどのように受け止めるでしょうか。その日の授業のテーマや与えられた課題について主体的によく考え、「疑う心」という別の側面に注目し、教師に対して自分自身の意見を述べた投稿者は優秀な児童でしょうか。それとも、授業の流れを乱す面倒で厄介な児童でしょうか。

中国やシンガポールは、日本よりも先行して、学力の向上政策に積極的に取り組み、両国（中国の場合は上海）がPISAなどの国際学力調査の上位グループの常連であることはよく知られています。

しかし、聞けば、この両国の授業では、批判的な思考力を育み高める授業はいっさいおこなわれていないとのこと。それは批判的思考力《クリティカルシンキング》を育てる欧米の授業とは大きく異なります。中国やシンガポールは一党独裁国家で、言論や報道の自由が極端に制限されています。国家や社会に対する不都合な言論や批判をあらかじめ封じ込め、反乱分子の芽を摘むためにも、批判的思考力を育てる教育などは、そもそもおこなわれるべきことではないのです（天野一哉『中国はなぜ「学力世界一」になれたのか』中公新書ラクレ）。

日本の学習指導要領に盛り込まれたアクティブラーニングや主体的・対話的で深い学びの視点は、批判的思考力を取り扱わない中国やシンガポールのカリキュラムに近い内容なのではないでしょうか。教師から与えられた課題や情報、または現状の社会の価値や国の政策に対して、批判や疑問を挟まず、PISAなどのペーパーテストで高得点をたたき出せる子どもを「人材」として育てていこうという政府と財界の政治的・経済的真意が浮き彫りになるのです。

五つの「幻想」を検証する

本書の目的は、「はじめに」で示したアクティブラーニングに関わる五つの幻想やその前提を疑い、考えてみることでした。そろそろ本書のエピローグとして、これまでの議論から、それぞれに対する見解を述べておきたいと思います。

第一の「幻想」は、先行き不透明な未来社会を生きる子どもには、アクティブラーニングが必要で、これまでの教育では目標を達成できないだろうという前提でした。

国が主導でおこなう主体的・対話的で深い学びやアクティブラーニングの視点で授業改善がおこなわれれば、かえって授業のあり方が画一化してしまうのではないでしょうか。授業には教科や教師によってさまざまな視点や方法があってもよいと考えます。また、未来社会を「生きる力」が身につくかという説については、誰もそれを正確に証明することはできません。しかし、三〇年前の一九八〇年代の臨時教育審議会における未来予測とそれにもとづいた教育改革がどれだけ不十分であったかは第四章で述べたとおりです。いま、私たちはその三〇年後の社会を生きています。さまざまな内容が提案、政策として実施されたものの、必ずしもじゅうぶんではなかった教育改革の歴史をふりかえれば、ただ「変える」ことばかりが優先されてきた三〇年だったのではないでしょうか。実現可能性についての根拠や制度設計が不十分であったこと、そして実施後はそれに対するじゅうぶんな検証や省察がない以上、同じ轍を踏む可能性が高いように思われます。未来に対する根拠のない希望や絶望ではなく、歴史から謙虚に学ぶ姿勢や知性を大切にしたいものです。

第二の「幻想」は、活動的な学び《アクティブラーニング》をおこなえば、子どもたちは主体的・能動的に学ぶ《アクティブラーニング》ことができるだろうという前提でした。

活動的な学び《アクティブラーニング》をおこなえば、子どもたちは主体的・能動的に学ぶ《アクティブラーニング》ことができる可能性はあるかもしれません。しかし、どれだけ内容や方法が活動的であっても、本人自身の動機づけがともなわなければ、それは他者から強制させられる受動的な学び《パッシブラーニング》になってしまいます。また、歴史的に見ても、子どもたちが主体的・能動的に学ぶ授業や教室の実現は難しかったようです。活動的な学びに対する表面的・受動的な参加、学習者の学力格差や学ぶ意欲の問題、教師の多忙化の問題などはこれまでも指摘されてきました。その一方で、戦時下新教育の国民学校（第二章）、学級集団づくり（第三章）、そして先に紹介した『ザ・ウェーブ』のように、知性や理性を排した活動的な学び《アクティブラーニング》をおこなえば、表層的な「楽しさ」ばかり（楽しい学び！）になり、過度に主体的・能動的に学ぶ《アクティブラーニング》ことばかりが強調されれば、それに馴染めない子どもを排除する全体主義に陥りかねません。

第三の「幻想」は、学校でアクティブラーニングを経験すれば、知識や技能を活用できる新しい学力（思考力・判断力・表現力）、学ぶ意欲や「生きる力」が高まるだろうという前提でした。

思考力・判断力・表現力に関わる学力格差が拡大するという研究結果を踏まえれば、アクティブラーニングや主体的・対話的で深い学びの導入はかえって学力や意欲の格差を拡大させるおそれがあります。また、教師が子どもたちの学ぶ意欲を高めることは著しく困難であり、そうしようとするあまり、過度な内面管理に及べば、それは好ましくないことです。さらには、新しい大学入試の実施など、思考力・判断力・表現力を評価しようとする理念に対して、信頼性の高い制度設計が可能かどうかについても現時点では未知数です。

第四の「幻想」は、研修や指導を通じて教師自らが主体的に学ぶ機会を提供すれば、どの学校や学級でもアクティブラーニングが達成可能になるだろうという前提でした。

教師に自発的な学びの機会として研修の機会を用意すれば、どの学校、学級でも主体的・対話的で深い学びが達成されるほど単純な話ではありません。先にも述べたように、研修で学んだことを教師が教室に持ち帰って実践すれば、かえって授業のあり方がすべてアクティブラーニングまたは主体的・対話的で深い学びの視点からのみ展開され、それぞれの先生や授業の個性がうしなわれて、画一化してしまうことになるでしょう。また、第二章で紹介した奈良女高師附属小学校では、訓導に対する木下の「指導」がおこなわれていました。しかし、どれほど教師に能力があっても、それが指導者の意図どおりの実践になるとはかぎりません。アクティブラーニングの成否は、教師と学び手、または学び手同士の関係のなかで展開される不確実な「やりとり」に委ねられています。ところが、カリキュラム・マネジメントもそうであるように、学校または教師に対する責任論が過度に強調され過ぎています。教師の働き方改革を推し進めるうえでも、学習指導要領の見直しは喫緊の課題でしょう。

第五の「幻想」は、以上の四点より、アクティブラーニングは好ましく、国の教育政策として導入されるべきだという前提でした。

それぞれの教室で教師が自主的にアクティブラーニングの方法や視点で授業を展開することは否定されるべきではありません。しかし、本書で述べてきたとおり、国のカリキュラム改革として学習指導要領の視点として導入されることは学校、教師、保護者、児童・生徒のいずれにとっても好ましいものではありません。とりわけアクティブラーニングや主体的・対話的で深い学びの視点が学習指導要領において一方的に言及され、教育現場にて実施されることで、これまで述べてきたさまざまな弊害やリスクのほうが大きいと言えます。また、カリキュラムの最低水準を定めている最新の学習指導要領は、あれこれと細部にわたる記述がめだちます。現場の先生方にとっては、その最低水準に対応するだけで手一杯で、それ以上の実践を展開できる「ゆとり」はほとんど残されていないのではないでしょうか。

誰にとっての主体的・対話的で深い学びなのか

昨今、政治主導で進められている教育改革は国家戦略にふさわしい人材を育てることが期待されているように映ります。人材とは国家政策に従順かつ自発的に従い、国の政治的または経済的繁栄をもたらす人物にほかなりません。人材を「作る」ために、アクティブラーニングによる授業や入試を通じて、子どもたちを前のめりにさせようとしている視点を、主体的・対話的で深い学びだと言っているように聞こえてしまうのです。

アクティブラーニングにかぎらず、教育という営みは政治や社会の状況またはその条件しだいで毒にも薬にもなります。いまの日本社会または世界の状況をみれば、アクティブラーニングや主体的・対話的で深い学びの視点による学習指導要領や授業改善は「良薬」になるかどうかは未知数です。場合によっては「毒薬」になる可能性も秘めています。

毒薬――これまでの日本の教育史上の〈アクティブラーニング〉と比較すれば明らかな

ように、今回実施される学習指導要領では、細部にわたって教科指導・教科外指導のあり方を規定しているため、学校、教師、子どもの「自由」「個性」「ゆとり」「自主性」がじゅうぶんに確保されていません。それが今回のアクティブラーニングの決定的な弱点であり、問題点です。学校教育史上、教師と子ども双方にとって、もっとも主体性を喪失させ、じゅうぶんな対話のない学びになる可能性さえあります。

これまでの日本の学校教育の歴史を顧みて言えば、〈アクティブラーニング〉の導入が試みられた時代こそ、ほぼ共通して、大人（国や社会）の一方的な希望や期待が子どもやその教育に非常に強く反映された社会でした。つまり、子どもを学びの主体や主人公とすることを教育の理念として掲げながら、そのじつは子どもを操作可能な存在とみなし、子どもに対して自発性や活動・体験への参加を過度に要求し、大人の意に従わせてきたとは言えないでしょうか。戦時体制の構築に向けた少国民の錬成であれ、戦後民主主義国家の建設に向けた経験主義の教育であれ――両時代は「戦前」と「戦後」で対照的に描かれることが多いけれども――大人が一方的に描く理想の社会や国づくりに向けて、子どもたちを積極的に動員する手段として〈アクティブラーニング〉を採用した点では共通しています。

戦時中の一九四三（昭和一八）年五月頃、茨城県のある農村地区の国民学校の国史（現在の日本史に相当）の授業中に、茨城県師範学校（現在の茨城大学教育学部の前身）出身の青年訓導が天孫降臨《てんそんこうりん》の掛図を見せたところ、ある児童が「先生そんなのうそだつぺ」と発言したそうです。すると、訓導はこの児童を職員室に連行し、「貴様は足利尊氏か、とんでもない奴だ」と怒鳴りながら、木刀で頭部を強打したといいます（唐澤富太郎『教科書の歴史』創文社）。

いま、そしてこれからの日本で「愛国心なんてうそでしょ」と児童・生徒に言われた教師はどのように応じるのでしょうか。殴れば体罰ですから、もちろん処罰の対象になります。時の政府が一方的に定めた「政治的中立性」のもと、政府見解を粛々と伝えるのでしょうか、それともただ沈黙を守るのでしょうか。先に紹介した中学生の新聞投書の内容は、これからのアクティブラーニングまたは主体的・対話的で深い学びの視点を考えるうえで、非常に重要な課題を提起しているように思われます。

名ばかりの「主体的・対話的で深い学び」に対して、「受動的・他律的、雑談的で浅い学び」を教師や子どもたちに強いて、学校は、ただ現状を追認するだけの政治的・経済的人材の育成に向けて、子どもたちを飼い慣らしていくことになるのでしょうか。あらためて言うまでもありませんが、子どもたちの学びのあり方を決めるのは、政治家でも行政でも学者でもありません。教育や学びの主人公は、学校現場の教師と子どもたち自身であって、わたしたち市民はその支援者に過ぎないことを謙虚に自覚するところからはじまるのです。

主要参考文献・資料一覧（アルファベット順）

赤井米吉『成城小学校　附　成城第二中学校』成城小学校出版部、一九二三年
ベネッセ教育総合研究所ホームページ http://berd.benesse.jp/
Bonwell, C.C., & Eison, J.A. 1991. *Active Learning: Creating Excitement in the Classroom.* Ashe-Eric Higher Education Reports. ERIC Clearinghouse on Higher Education.
「中央公論」編集部・中井浩一編『論争　学力崩壊』中公新書ラクレ、二〇〇一年
土井隆義『友だち地獄――「空気を読む」世代のサバイバル』ちくま新書、二〇〇八年
藤田英典『教育改革――共生時代の学校づくり』岩波新書、一九九七年
伯井美徳・大杉住子『二〇二〇年度大学入試改革！　新テストのすべてがわかる本』教育開発研究所、二〇一七年
原武史『滝山コミューン一九七四』講談社、二〇〇七年
肥田野直・稲垣忠彦編『戦後日本の教育改革6　教育課程（総論）』東京大学出版会、一九七一年
樋口勘次郎『統合主義新教授法』同文館、一八九九年
石川一郎『2020年の大学入試問題』講談社現代新書、二〇一六年
金子元久『大学の教育力――何を教え、学ぶか』ちくま新書、二〇〇七年
唐澤富太郎『教科書の歴史――教科書と日本人の形成』創文社、一九五六年
苅谷剛彦『教育改革の幻想』ちくま新書、二〇〇二年
苅谷剛彦・志水宏吉・清水睦美・諸田裕子『調査報告「学力低下」の実態』岩波ブックレット、二〇〇二年

苅谷剛彦・志水宏吉編『学力の社会学――調査が示す学力の変化と学習の課題』岩波書店、二〇〇四年
片岡徳雄編著『集団主義教育の批判』黎明書房、一九七五年
小針誠『教育と子どもの社会史』梓出版社、二〇〇七年
小針誠『〈お受験〉の社会史――都市新中間層と私立小学校』世織書房、二〇〇九年
小針誠『〈お受験〉の歴史学――選択される私立小学校 選抜される親と子』講談社選書メチエ、二〇一五年
教育課程研究会編著『「アクティブ・ラーニング」を考える』東洋館出版社、二〇一六年
松下佳代他編著『ディープ・アクティブラーニング――大学授業を深化させるために』勁草書房、二〇一五年
溝上慎一『アクティブラーニングと教授学習パラダイムの転換』東信堂、二〇一四年
溝上慎一編『高等学校におけるアクティブラーニング 理論編』東信堂、二〇一六年
水原克敏『学習指導要領は国民形成の設計書〔増補改訂版〕――その能力観と人間像の歴史的変遷』東北大学出版会、二〇一七年
文部科学省ホームページ http://www.mext.go.jp/
無藤隆『新しい教育課程におけるアクティブな学びと教師力・学校力』図書文化社、二〇一七年
中井俊樹編著『アクティブラーニング』玉川大学出版部、二〇一五年
奈良女子大学文学部附属小学校『わが校八十年の歩み』、一九九一年
奈良女子高等師範学校附属小学校学習研究会編『学習研究』創刊号、一九二二年四月〜
奈須正裕・江間史明編著『教科の本質から迫る――コンピテンシー・ベイスの授業づくり』図書文化社、二〇一五年
奈須正裕『「資質・能力」と学びのメカニズム』東洋館出版社、二〇一七年
日本教育方法学会編『アクティブ・ラーニングの教育方法学的検討』図書文化社、二〇一六年

西岡加名恵「日米におけるアクティブ・ラーニング論の成立と展開」日本教育学会『教育学研究』第八四巻第三号、二〇一七年
岡津守彦編『戦後日本の教育改革7　教育課程（各論）』東京大学出版会、一九六九年
Rhue, Morton 1981, *The Wave*, Dell Publishing（『ザ・ウェーブ』小柴一・訳　新樹社、二〇〇九年新訳）
佐藤学『教師というアポリア――反省的実践へ』世織書房、一九九七年
澤柳政太郎『実際的教育学』明治図書、一九〇九年
志水宏吉『学力を育てる』岩波新書、二〇〇五年
杉浦宏編『日本の戦後教育とデューイ』世界思想社、一九九八年
主体的学び研究所『主体的学び』東信堂、二〇一四年〜
田中耕治編著『「総合学習」の可能性を問う――奈良女子大学文学部附属小学校の「しごと」実践に学ぶ』ミネルヴァ書房、一九九九年
田中智志『他者の喪失から感受へ――近代の教育装置を超えて』勁草書房、二〇〇二年
谷本富『新教育講義』六盟館、一九〇六年
豊田久亀『明治期発問論の研究――授業成立の原点を探る』ミネルヴァ書房、一九八八年
矢川徳光『新教育への批判――反コア・カリキュラム論』刀江書院、一九五〇年
吉冨芳正・田村学『新教科誕生の軌跡――生活科の形成過程に関する研究』東洋館出版社、二〇一四年

改訂年 「キーワード」	実施年	年間標準授業時限数	主な特徴と内容
1947年「(試案)カリキュラム」	小・中47年、高48年	小5,565～5,915時限／中3,150～3,570時限	試案＝手引き／各学校・教師の裁量大／社会科・家庭科の新設（小）／修身・国史・地理の廃止／自由研究の新設（小・中）／職業科の新設（中）
1951年「生活単元学習」(試案)	小・中・高51年	小5,780時限／中3,045時限	1947年学習指導要領の修正版／教科課程から「教育課程」へ／子どもの生活体験に根ざした単元学習／自由研究の廃止／あらゆる教科で道徳教育の実施
1958年「国家基準」(高60年)	小61年、中62年、高63年	小5,821時限／中3,360時限	（試案）が消えて官報による告示＝法的拘束力・国家基準化／教育課程の最低基準／系統的な学力の重視／理数教育の重視／「道徳の時間」の特設
1968年「現代化カリキュラム」(中69年・高70年)	小71年、中72年、高73年	小5,821時限／中3,535時限	「教育内容の現代化」（科学技術教育の重視と学習内容の高度化）／「新幹線授業」／歴史教育における神話の導入／「愛国心」の強調
1977年「ゆとりと充実」(高78年)	小80年、中81年、高82年	小5,785時限／中3,150時限	教育内容の過密化改善（学習内容2割削減）／「ゆとりの時間」導入／道徳・勤労・奉仕活動の重視／「君が代」を「国歌」と明記
1989年「新しい学力観」	小92年、中93年、高94年	小5,785時限／中3,150時限	学校週5日制（月1回）／生活科の新設（小）／選択履修の拡大と習熟度別指導の導入（中）／社会科を「地理歴史科」「公民科」へ（高）／日の丸・君が代の義務付け／家庭科の男女共修（高）
1998年「ゆとりと生きる力」(高99年)	小・中02年、高03年	小5,367時限／中2,940時限	完全学校週5日制／教育内容の「厳選」（約3割減）／基礎・基本の充実／「総合的な学習の時間」の新設／情報科の新設（高）
2008年「確かな学力」(高09年)	小11年、中12年、高13年	小5,645時限／中3,045時限	授業時数の増加／高学年で外国語（英語）活動（小）／「総合的な学習の時間」の縮減／思考力・判断力・表現力の重視／道徳教育（伝統文化・公共の精神）の重視
2017年「アクティブ・ラーニング」(高18年)	小20年、中21年、高22年	小5,785時限／中3,045時限	主体的・対話的で深い学び（アクティブ・ラーニング）の視点／資質・能力／カリキュラム・マネジメント／言語活動の充実／外国語科の新設（小）／科目の新設と再編（高）／道徳の教科化

筆者作成

〔巻末資料〕学習指導要領の主な変遷と内容

あとがき

わたしは一介の教育研究者に過ぎませんが、教育方法やカリキュラム、学習論などを専門に研究しているわけではありません。半ば専門家であり、半ば素人に過ぎないわたしがアクティブラーニングや学習指導要領に関する本を書けるのか、書いてもよいものか、つねに戸惑いつつ原稿作成に当たりました。しかし、二〇一七年三月に学習指導要領が告示され、新しい大学入試の内容が少しずつ明らかになるにつれ、それらの実施のみならず、その問題や課題がじゅうぶんに指摘されていないことへの違和感や危機感が本書執筆の強い動機づけになったことを記しておかなければなりません。

本書の立場は、実践上の課題に加えて、教育政策として進められるアクティブ・ラーニングや主体的・対話的で深い学びに対して、懐疑的です。アクティブラーニングの理念は学校教育の発足以来の長年の期待を背負って誕生しただけに、問題や課題は見えにくく、わかりにくいところもあります。しかし、いまの状況は、教師の多忙化、学力格差、学習意欲や関心・態度といった学校現場や子どもたちが抱えるさまざまな問題や課題をじゅうぶんに改善しないまま、見切り発車的に学習指導要領が実施されようとしているように映ります。

主体的・対話的で深い学び（アクティブ・ラーニング）の視点を含む新しい学習指導要領は細部にわたる記述がめだちます。学習指導要領が法的拘束力を有する以上、それは文部科学省から教育現場に対する一方的な「注文」になります（少なくとも現場はそう受け止めるでしょう）。細かい注文が多くなれば、学校や先生方が自主的に授業を編成し、児童・生徒が自由に、ときに批判的な思考や発表を可能にする機会や場を奪うことになるのではないでしょうか。あるいは、人生の一大事を決する新しい大学入試制度でさえ、採点や評価をはじめ運用の制度設計の見込みがじゅうぶんであるようには見えません。

以上の経緯から、歴史上の〈アクティブラーニング〉から課題や教訓を引き出し、検討しようとしたのが本書の内容でした。不確実な未来から現在を逆算する方法ではなく、歴史から教訓や課題を明らかにしたり、現状を丁寧に分析することで、これからに活かし、未来に橋渡しをすることがわたしの研究のモチーフだと言えば、気障《きざ》に聞こえるかもしれませんが、それが本音です。

講談社学芸部の所澤淳さんには、本書の企画段階から刊行まで二人三脚で歩むことができました。前著『〈お受験〉の歴史学』（講談社選書メチエ）刊行後の打ち上げの席で話題の中心になったのがアクティブラーニングでした。お互いの意見や考えを語り合うなかで、本書のテーマや方向性が定まったように思います。その後、刊行に至るまで所澤さんはじめ講談社のみなさまにはたいへんお世話になりました。

本書執筆中にわたしの人生を劇的に変えるふたつの出来事がありました。

ひとつは勤務先の異動です。わたしは二〇一七年四月より青山学院大学教育人間科学部に勤務しています。心機一転、新たな環境のもとで、教育や研究に励んでいます。小著は異動後、最初の成果になりました。

もうひとつは新しい家族が増えたことです。異動が半ば決定した二〇一六年夏に、妻のお腹に新たな命が宿っていることが判明しました。それ以降、異動、転居の準備と並行して、妊娠、出産そして育児というビッグ・イベントが同時進行しながら今日に至ります。妻にはたいへんな苦労をかけてしまったことへの申し訳ない気持ちとともに、つねにわたしの仕事に理解を示してくれることには感謝の念に堪えません。

二〇一七年五月、日本国憲法の施行から七〇年目を迎えたその月に、私たちのあいだに長男が誕生しました。何の因果か、彼は小学校でアクティブラーニングや「主体的・対話的で深い学び」を修めることになりそうです。

本書はタイムマシンに乗って過去の歴史を見てきました。次回それに乗る機会があれば、今度は「未来」に行って、彼が生きる社会、政治、教育を観察してみたいものです。今よりは多少はまともになっていることを、ひとりの親として切に願うばかりです。

小針　誠

静寂に包まれる初春の青山にて

N.D.C.370 268p 18cm
ISBN978-4-06-288471-6

講談社現代新書 2471

アクティブラーニング　学校《がっこう》教育《きょういく》の理想《りそう》と現実《げんじつ》

二〇一八年三月二〇日第一刷発行　二〇一九年九月二五日第四刷発行

著　者　小針《こばり》誠《まこと》　© Makoto Kobari 2018

発行者　渡瀬昌彦

発行所　株式会社講談社

東京都文京区音羽二丁目一二―二一　郵便番号一一二―八〇〇一

電　話　〇三―五三九五―三五二一　編集（現代新書）

〇三―五三九五―四四一五　販売

〇三―五三九五―三六一五　業務

装幀者　中島英樹

印刷所　株式会社新藤慶昌堂

製本所　株式会社国宝社

定価はカバーに表示してあります　Printed in Japan

「講談社現代新書」の刊行にあたって

教養は万人が身をもって養い創造すべきものであって、一部の専門家の占有物として、ただ一方的に人々の手もとに配布され伝達されうるものではありません。

しかし、不幸にしてわが国の現状では、教養の重要な養いとなるべき書物は、ほとんど講壇からの天下りや単なる解説に終始し、知識技術を真剣に希求する青少年・学生・一般民衆の根本的な疑問や興味は、けっして十分に答えられ、解きほぐされ、手引きされることがありません。万人の内奥から発した真正の教養への芽ばえが、こうして放置され、むなしく滅びさる運命にゆだねられているのです。

このことは、中・高校だけで教育をおわる人々の成長をはばんでいるだけでなく、大学に進んだり、インテリと目されたりする人々の精神力の健康さえもむしばみ、わが国の文化の実質をまことに脆弱なものにしています。単なる博識以上の根強い思索力・判断力、および確かな技術にささえられた教養を必要とする日本の将来にとって、これは真剣に憂慮されなければならない事態であるといわなければなりません。

わたしたちの「講談社現代新書」は、この事態の克服を意図して計画されたものです。これによってわたしたちは、講壇からの天下りでもなく、単なる解説書でもない、もっぱら万人の魂に生ずる初発的かつ根本的な問題をとらえ、掘り起こし、手引きし、しかも最新の知識への展望を万人に確立させる書物を、新しく世の中に送り出したいと念願しています。

わたしたちは、創業以来民衆を対象とする啓蒙の仕事に専心してきた講談社にとって、これこそもっともふさわしい課題であり、伝統ある出版社としての義務でもあると考えているのです。

一九六四年四月　野間省一

政治・社会

1145 冤罪はこうして作られる　小田中聰樹
1201 情報操作のトリック　川上和久
1488 日本の公安警察――青木理
1540 戦争を記憶する――藤原帰一
1742 教育と国家――高橋哲哉
1965 創価学会の研究――玉野和志
1977 天皇陛下の全仕事――山本雅人
1978 思考停止社会――郷原信郎
1985 日米同盟の正体――孫崎享
2068 財政危機と社会保障――鈴木亘
2073 リスクに背を向ける日本人　山岸俊男　メアリー・C・ブリントン
2079 認知症と長寿社会――信濃毎日新聞取材班
2115 国力とは何か――中野剛志
2117 未曾有と想定外――畑村洋太郎
2123 中国社会の見えない掟　加藤隆則
2130 ケインズとハイエク　松原隆一郎
2135 弱者の居場所がない社会　阿部彩
2138 超高齢社会の基礎知識　鈴木隆雄
2152 鉄道と国家――小牟田哲彦
2183 死刑と正義――森炎
2186 民法はおもしろい――池田真朗
2197 「反日」中国の真実――加藤隆則
2203 ビッグデータの覇者たち――海部美知
2246 愛と暴力の戦後とその後――赤坂真理
2247 国際メディア情報戦――高木徹
2294 安倍官邸の正体――田﨑史郎
2295 福島第一原発事故 7つの謎　NHKスペシャル『メルトダウン』取材班
2297 ニッポンの裁判――瀬木比呂志
2352 警察捜査の正体――原田宏二
2358 貧困世代――藤田孝典
2363 下り坂をそろそろと下る　平田オリザ
2387 憲法という希望――木村草太
2397 老いる家 崩れる街　野澤千絵
2413 アメリカ帝国の終焉　進藤榮一
2431 未来の年表――河合雅司
2436 縮小ニッポンの衝撃　NHKスペシャル取材班
2439 知ってはいけない――矢部宏治
2455 保守の真髄――西部邁